똑 소리 나는 우리 아이 영어, 3살부터 시작하자

글 | 정동빈
그림 | 김지윤

초판 1쇄 인쇄 | 2007년 8월 6일
초판 2쇄 발행 | 2007년 12월 7일

편집장 | 김미현
책임편집 | 정수연 · 전현주 · 김미경
디자인 | 이은희 · 박수남
마케팅 | 김재곤 · 조도현 · 박종세
제작 | 장기준
관리 | 차혜은 · 이성희 · 박정애

펴낸이 | 정규도
펴낸곳 | Happy House

주소 | 서울시 종로구 송월동 141 다락원 빌딩
전화 | (02)736-2031(내선 114)
팩스 | (02)732-2037
홈페이지 | www.ihappyhouse.co.kr
출판등록 | 제1-2936호

Copyright ⓒ 2007 해피하우스
출판사의 허락 없이 이 책의 일부 또는 전부를 무단 복제 · 전재 · 발췌할 수 없습니다.
ISBN 978-89-5655-428-0 78740

값 10,000원

똑 소리 나는 우리 아이 영어, 3살부터 시작하자

정동빈 지음

Happy House

응원의 글

똑 소리 나는 우리 아이 영어, 3살부터 시작하자. 이 책은 세 살부터 영어를 어떻게 가르치면 좋은지를 쉽고 재미있게 소개하고 있다. 정동빈 교수는 중앙대학교 교육대학원 조기영어교육과 학과장으로서 취학 전 영어교육에 대한 남다른 애정과 관심을 가진 이 분야 최고의 전문가이다. 어린이 영어교육을 왜 해야 하는지, 어떻게 하는지 이 책에 다 수록되어 있으므로 조기영어교육에 관심을 가진 학부모들에게 큰 도움이 되는 책이 될 것이다.

♥ 장영준 박사(중앙대 교수)
- 〈그램 그램 영문법 원정대〉 저자

말 많은 조기영어교육 바로 알기! 이 책은 조기영어교육에 대한 여러 가지 궁금증을 간단명료하게 답해주고 있다. 똑똑한 엄마가 어떻게 아이를 영어영재로 만들 수 있는지 이 책은 체계적으로 설명하고 있다. 또한 엄마가 조기영어 지도 자료를 어떻게 활용할 것인지도 친절하게 소개한 조기영어교육 최고의 지침서이다.

♥ 고경석 박사(경인교대 교수)
- 한국영어교육학회장, 〈초등, 중학 및 고등학교 영어 교과서〉 저자

PROLOGUE 머리말

우리 인간에게는 모국어 습득이든 외국어 습득이든 적기가 있고 그 시기를 놓치면 점점 힘들어진다. 즉 그 시기를 놓치게 되면 영어를 배우는 것이 아니라 외국어로써 학습해야 하기 때문에 피나는 노력을 해야 한다. 모든 아이들은 언어를 습득할 천부적인 재능을 가지고 태어났기 때문에 그 시기에 외국어를 터득하면 누구나 유창하게 외국어를 잘 할 수 있다.

그러므로 아이를 키우는 부모의 영어에 대한 고민은 당연한 것이다. 아이를 키우는 부모들이라면 누구나 취학 전 영어교육에 많은 관심을 쏟고 있다. 대부분의 부모들은 아이들에게 외국어교육을 언제, 어떻게 시켜야 할 것인지, 아니면 일부 방관적인 전문가들의 주장처럼 아이의 언어적 재능을 방치해야 하는지 고민하게 된다. 또한 자신이 영어를 잘 하지 못해서 겪었던 불편과 손해를 아이들만큼은 겪지 않았으면 하는 마음도 들 것이다. 물론 이런 희망과 조바심을 갖는 것은 부모로서 당연한 것이다. 오히려 부모로서 관심을 갖지 않는 것이 무책임한 태도이다. 아이에게 온 정성을 다해 영어교육을 시키는 것은 미래에 대한 투자이므로 가능한 한 자신이 처한 환경에서 아이의 재능을 최대로 키워주는 부모가 되도록 노력해야 한다.

모든 것은 다 때가 있다. 영어 교육도 마찬가지여서 외국어를 가르쳐야 할 적기가 있고, 절대 그 시기를 놓치지 말아야 한다. 최근 런던대 의대 연구팀들이 발표한 연구 결과에 따르면, 대부분의 아이들이 적절한 시기에 외국어 교육을 시작하면 모국어 환경에서도 스폰지가 물을 흡수하듯 자연스럽게 외국어를 습득할 수 있다는 것이다. 또한 잘 알려진 재능체감법칙에서도 아이의 재능은 어리면 어릴수록 그 잠재력이 무궁무진하고 개발 가능성이 높음을 밝히고 있다. 재능체감법칙과 관련된 잠재력 개발 가능율을 도표화하면 다음과 같다.

아이 연령	발달 완성율	잠재력 개발 가능율	잠재력 개발가능성과 학습효과
0~6개월	20%	80%	잠재력 최고 향상 가능
7~18개월	40%	60%	잠재력 60% 가능성
19개월~5년	80%	20%	잠재력 가능성 비교적 감소

▶ 연령별 잠재력 개발 가능율

이 표를 보면 아이들은 누구나 천재가 될 수 있는 잠재력을 갖고 태어남을 알 수 있다. 아이들은 누구나 모국어든 외국어든 자유자재로 습득이 가능하다. 일반적으로 만 3세면 80% 정도 외국어 학습 환경을 조성해 주어도 무리가 없다. 만 4~5세의 99%가 놀이를 활용하여 외국어교육을 하면 지능과 잠재력 및 창의력이 크게 향상된다. 블룸(Bloom, 1964)도 지적하듯, 지적 성숙이 최고조로 달하는 17세의 지능을 100으로 볼 때 0~4세 사이에 인간 지능의 약 50%가 발달

하고, 4~8세 사이에 30%, 나머지 20%는 8~17세 사이에 발달한다. 따라서 잠재력 개발 가능율이 가장 높은 0~4세 사이에 교육적 자극을 충분히 주면 아이는 우수한 두뇌를 가진 소유자로 성장할 것이다.

보통 부모님들이 생각하기에, 자신들은 영어 발음도 나쁘고, 전문가도 아닌데 어떻게 잘 가르칠 수 있을까? 조기영어교육을 시작하면, 돈이 많이 들 텐데…, 우리 아이는 영어에 취미가 없는 것 같은데…, 우리 아이는 성적이 안 좋은데…, 조기영어교육을 시켜야 할까? 등등의 걱정들을 많이 한다. 이 책이 그런 부모님들에게 자신감을 주는 귀중한 자료가 될 것이다. 이 책이 아이의 효과적인 영어교육에 도움이 되는 기본 지침서가 되길 간절히 바란다.

끝으로 이 책의 출간에 현장 전문가로서 도움을 주신 금소영 선생과 해피하우스 편집부에게 고마운 마음을 전한다.

2007년 8월 3일
중앙대 연구실에서 정동빈

CONTENTS 목차

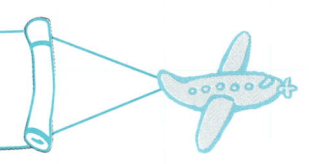

Prologue 머리말

I. 우리 아이에게 왜, 언제 영어를 가르칠 것인가

조기영어교육 꼭 필요한가요 · 14
- 왜 조기영어교육인가?
- 조기영어교육의 목적은 무엇인가?
- 유태인의 조기외국어교육 들여다보기

조기영어교육 언제부터 해야 하나요 · · · · · · · · · · · · · · · · · · · 26
- 다른 나라는 언제부터 외국어교육을 실시하는가?
- 몇 살부터 영어를 시작해야 할까?

이런 엄마가 영어 영재를 만든다 · 34
- 아이의 최고 선생님은 엄마다
- 엄마는 친구이고, 스승이며, 언어 습득의 모형이다
- 칭찬은 우리 아이를 언어 영재로 만든다
- 아이는 부끄럼 없이 외국어를 쉽게 터득할 수 있다
- 우리 아이는 언어 똑똑이?
- 스트레스 없는 영어 노출 환경 만들기
- 어떤 절차로 영어 공부를 하면 효과적일까?

II 우리 아이에게 영어를 어떻게 가르칠 것인가

소리 듣기로 영어 영재 만들기 ···································· 60
- 듣기는 하늘이 내려주신 최고의 선물이다
- 반복 듣기 훈련이 중요하다
- 단계적으로 듣는 훈련을 하라
- 아이들이 좋아하는 전신반응법(TPR) 활용하기
- 의사소통을 위한 파닉스 활용
- 소리 듣기 이렇게 시작해 보세요

너서리 라임과 챈트로 영어 영재 만들기 ···················· 84
- 너서리 라임이 뭐예요?
- 왜 너서리 라임이 효과적인가?
- 너서리 라임 이렇게 활용하라
- 아이들이 신나하는 액티비티 활용법
- 마더 구스 자세히 들여다 보기

영어 동화로 영어 영재 만들기 ···································· 106
- 우리 아이에게 과연 읽기 지도를 해도 될까?
- 읽기 지도는 파닉스부터
- 영어 동화를 활용한 읽기 지도
- 영어 동화가 왜 좋아요?
- 영어 동화 이렇게 읽어 보자
- 연령별 영어 동화 지도법 특급 노하우

말하기와 쓰기를 통해 '나'를 표현하기 · · · · · · · · · · · · · · · · · 154
- 말하기와 쓰기에 규칙 현상을 활용하라
- 상호작용 놀이로 시작하는 말하기
- 아이들은 자신의 표현으로 재현하기를 좋아한다
- 엄마는 침묵하고 아이는 말한다
- 유창하게 말하라
- 아이들은 보여주면서 설명하는 것을 좋아한다
- 아이들은 의인화된 소재를 가지고 이야기하기를 좋아한다
- 아이는 자신의 감정을 말이나 그림으로 표현하고 싶어한다
- 의미있게 반복적으로 연습하라
- 창의적으로 말할 수 있게 동기 부여를 하라
- 영어 쓰기를 통해 자기 표현을 하게 하라
- 단계적 쓰기 지도 기법
- 전략적인 쓰기 놀이

놀이와 게임으로 신나게 영어 배우기 · · · · · · · · · · · · · · · · · 190
- 놀이와 게임 활용, 왜 효과적일까?
- 의사소통 능력 향상을 위한 놀이와 게임

인터넷 활용과 영미문화 지도하기 · · · · · · · · · · · · · · · · · 200
- 인터넷을 활용하라
- 영어교육만큼 중요한 영미문화교육
- 외래어를 영어 학습 자료로 잘 활용할 수 있다
- 영미문화의 비언어 생활을 주목하라

Ⅲ 유용한 웹사이트와 조기영어교육 사례

인터넷 웹사이트를 충분히 활용하라 · · · · · · · · · · · · · · · · · · · 218

인터넷을 활용하여 청취 연습을 할 수 있다 · · · · · · · · · · · · · 226

성공적인 조기영어교육 사례 · 228
- 저자의 조기영어교육 체험담
- 이옥로 교수의 조기영어학습 지도 성공담

Epilogue 맺음말

• Appendix 부록 •

교육부 추천 영어 의사소통 기능 표현 · · · · · · · · · · · · · 248

REFERENCE 참고 문헌 · 262

● 우리 아이 영어 영재 만들기 프로젝트 ●

우리 아이에게
왜, 언제
영어를
가르칠 것인가

조기영어교육
꼭 필요한가요

- 왜 조기영어교육인가?
- 조기영어교육의 목적은 무엇인가?
- 유태인의 조기외국어교육 들여다보기

왜 조기영어교육인가?

모든 아이들은 취학 전에 모국어를 자연스럽게 터득한다. 학교에 들어가서야 모국어를 배우기 시작하는 아이들은 없다. 그렇다고 유치원에 가서 모국어를 배우는 것도 아니다. 아이들은 가정과 주위 환경 속에서 자연스럽게 모국어를 터득한다.

왜 아이들은 체계적인 학습이나 훈련 없이도 모국어에 숙달할 수 있는가? 그것은 아이들에게 언어를 습득할 수 있는 특별한 언어 습득 장치(Language Acquisition Device: LAD)가 있기 때문이다. 언어학자 촘스키(Chomsky, 1968)에 따르면 인간은 누구나 태어날 때 이 장치를 가지고 태어난다고 한다. 이 장치는 취학 전에 특히 왕성하게 작동하여 외국어나 모국어 습득을 돕는다는 것이다. 아이가 태어나면 자연스럽게 모국어를 터득할 수 있는 것도 바로 이 언어 습득 장치가 있기 때문이다. 어린 시절에는 체계적인 훈련이나 학습 없이도 모국어나 외국어를 자연스럽게 터득할 수 있다. 이 말은 곧 모든 아이들은 지능이 좋든 나쁘든 누구나 모국어를 터득할 수 있다는 것이다. 또한

> **촘스키(Chomsky, Noam 1928~현재)** 는 미국 출신의 유태인으로 이성주의의 대표적인 변형생성 언어학자이며 현재 미국 MIT 대학 교수이다. 언어학, 철학, 교육, 전산학, 정치학, 심리학 등 많은 분야에 걸쳐 20~21세기의 가장 영향력 있는 학자 중 한 사람이다.

이 장치는 사람의 소리와 의미 없는 잡음을 구분할 수 있도록 해 주며, 문법적이고 언어학적인 지식을 가지고 인간의 두뇌에서 왕성하게 활동하여 언어 습득을 돕는 일을 한다.

아이들은 이 언어 습득 장치가 있기 때문에 복잡한 구조를 가진 두 언어를 동시에 터득할 수 있다. 그래서 우리는 이 언어 습득 장치를 잘 활용하여 아이들에게 조기영어교육을 실시하자는 것이다. 인지학자들도 취학기 아이들은 민감기(Sensitive Device: SD)를 가지고 있어 적절한 환경에 노출되면 쉽게 언어를 습득할 수 있다고 보고 있다. 또한 피아제(Piaget,1926)는 아이들은 인지 습득 장치(Cognitive Acquisition Device: CAD)를 가지고 태어나 인간의 언어 습득이 쉽게 이루어진다고 보고 있다.

물론 이런 특성은 아이들이 사춘기를 지나면서 없어지게 되므

피아제(Piaget, Jean 1896 ~1980)는 스위스 태생으로 프랑스에서 활동한 인지 발달 분야 최고의 어린이 발달심리학자이다.

로 사춘기 이후에는 학습(learning)을 통해 언어를 배워야 한다. 그런데 학습이란 반복적이고 체계적인 절차를 통하여 전문가가 단계적으로 지도해야 효과가 있고, 학습자 스스로도 부단한 노력을 해야 성과가 있다. 그러나 취학 전에는 이런 노력 없이도 외국어에 적절히 노출만 시켜주면 자연스럽게 외국어를 습득(acquisition)할 수 있다는 것이다.

학습과 습득의 차이
학습(learning)은 "의식적으로 공부해야 하는 것"인 반면 습득(acquisition)은 "무의식적으로 자연스럽게 얻는 것"을 의미한다.

언어 습득 유형	유아기 언어 습득의 특징	언어 습득 작동 시기	주장 학자
언어 습득 장치 (LAD)	• 음성 언어를 다른 소리와 선천적으로 구분하는 능력 • 문법적인 지식을 갖고 태어남 • 언어학적 지식을 갖고 태어남 • 불충분한 입력에도 언어 습득 가능 • 지능에 관계없이 언어 습득	사춘기 전, 취학 전에 왕성함	참스키 (1968)
민감기 (SD)	• 음성 언어의 감지에 민감한 반응 보임 • 발음 습득과 흡수에 용이함 • 민감한 감수성, 감정 이입 용이 • 언어 학습 없이 환경에 노출되어 습득	사춘기 전, 취학 전에 왕성함	몬테소리 (1976), 비고스키 (1962)
인지 습득 장치 (CAD)	• 직관을 통하여 언어를 인지하고 습득하는 것이 가능	11세 이전 취학 전에 왕성함	피아제 (1926)

▶ 유아기 언어 습득의 특징

　　　　　이런 아이들의 특성을 유치원 교육 현장에서 많이 볼 수 있다. 한국조기영어교육학회가 2000년도부터 지금까지 개최한 어린이영어 자랑대회에서 3세부터 5세까지 유치부, 초등 저학년부, 초등 고학년부로 아이들을 나누어 영어자랑대회를 실시해 본 결과 재미있는 사실을 관찰할 수 있었다. 유치부 아이들이 노래, 챈트, 역할극, 동요, 동시, 말하기 등의 모든 영역에서 초등부 학생들보다 더 자신 있고 여유

있게 발표하는 것을 보고, 아이들이 어리면 어릴수록 외국어를 더 자연스럽게 받아들인다는 결과를 확인할 수 있었다. 초등학생들 중 고학년일수록 더 당황하고 부끄러워하며 어색해하는 모습을 발견할 수 있었다. 조기영어교육이 정말 중요하다는 것을 느낄 수 있는 순간이었다.

필요성	조기영어교육 효과	관련 학자들의 주장
적기성	신체적 결정적인 시기 학습 효과 최대	• Tanner(1962) & Lemire, et al(1975) – 3세에 두뇌가 1200g (성인의 80%) 성장 (*성인 1500g) • Solso(1991) – 2세에 신경조직 90% 발달 주장
기초성	아이 언어 발달의 초석이 되어 건전한 성장	• Chomsky(1968) – 아이는 스폰지가 물을 흡수하는 것처럼 노력 없이도 언어를 습득할 수 있는 바탕과 근본이 조성 된다는 주장
단계성	인지 언어의 발달 단계에 알맞은 외국어 교육	• Piaget(1926) – 인지와 사고의 발달에 따라서 단계적으로 언어구사 능력 상승이 가능하다는 주장
불가역성	인지 성장 과정에 필요한 체험을 채워줌	• Ulibarri(1965) – 인지한 것을 언어로 말하는 과정에서 체험은 중요하며, 적기에 언어를 체험하지 못하면 발달에 지장을 초래한다는 주장
정서성	다양한 문화의 체험으로 정서적 안정	• Schumann(1975) – 언어노출론 • Smally(1963) – 문화 이해의 적정기 • Hilgard(1956) – 동기 상승 강함 • MacNamara(1972) – 호기심 강함 • Oiva(1969) – 저항감 없음 • Lambert(1963) – 감정 이입이 쉬움

▶ 조기영어교육의 효과

결정적인 시기(Critical Period)
유아의 언어 형성 과정에서 특정한 시기의 기간이 그 후의 언어 발달과 최종적인 언어 능력에 영향을 미친다. 대부분 학자들은 사춘기 이전이 언어 습득의 적기라고 보고 있다.

조기영어교육의 기본 원리는 인간의 지능, 언어, 행동, 감성 발달의 기본 원리를 잘 활용하자는 것이다. 첫째, **적기성**을 활용하자는 것이다. 즉 유아기는 여러 발달 과업이 가장 적절하게 습득되는 최적의 시기이다. 취학 전이 모든 발달의 **결정적인 시기(Critical Period)**

이다(Lenneberg, 1967). 둘째, 기초성을 활용하자는 것이다. 어릴 때의 언어 발달이 인간의 모든 발달에 기초가 된다. 셋째, 단계성을 활용하자는 것이다. 인간의 성장과 발달은 각각의 단계적 발달에 의해서 형성된다. 각 단계의 결손은 다음 단계의 발달에 누적되어 발달장애가 된다. 넷째, 불가역성의 기회를 놓치지 말라는 것이다. 불가역성이란 언어습득에서 최적기에 습득할 수 있는 것을 놓치면 그 후에 보완이나 교정이 되지 않는다는 것이다. 다섯째, 정서적 요인을 활용하자는 것이다. 다문화 접촉으로 개방적인 성격을 키우고 정서적인 안정을 기를 수 있게 지도하자는 것이다.

> **레너버그**
> **(Lenneberg E. 1921~1975)**
> Lenneberg, E.는 1967년에 『Biological Foundations of Language』란 저술을 남긴 유명한 신경생리언어학자이다.
> 그는 시카고대학에서 언어학 박사와 하버드대 의과대학에서 신경의학박사를 취득하고, 언어의 생물학적 기저를 주장했다.

유아들은 배우고자 하는 본능적인 욕구를 가지고 있으며, 새로운 것에 대한 호기심이 왕성하다. 몬테소리(Montessori,1976)에 의하면 유아기의 흡수 잠재력은 어른의 50배 이상이라고 한다. 유아기의 제대로 된 교육이 한 인간의 평생을 좌우한다. 따라서 유아의 잠재되어 있는 재능을 발견하고 키워주기 위해서는 유아에게 알맞은 교육을 적기에 제공해 주는 것이 필요하다.

LAD란?

- **LAD**(Language Acquisition Device)는 언어 습득 장치로써 인간은 이 장치를 통해서 다른 소리로부터 인간의 음성을 쉽게 구분할 수 있다. 인간은 선천적으로 LAD를 가지고 태어나기 때문에 언어를 습득할 수 있는 능력이 있다는 것이다. 사람의 언어 습득 장치에는 타고 날 때부터 보편적 문법지식이 미리 프로그램되어 있다고 가정하고, 이 때문에 어린아이가 언어 입력(Language Input)에 접하게 되면 자동적으로 짧은 기간 동안 언어를 습득하게 된다는 것이다.

- **참스키**(Chomsky)에 의하면, 어린아이가 LAD를 가지고 있기 때문에 지능이나 연습에 관계없이, 불충분한 입력이 되어도 언어를 습득할 수 있다고 한다.

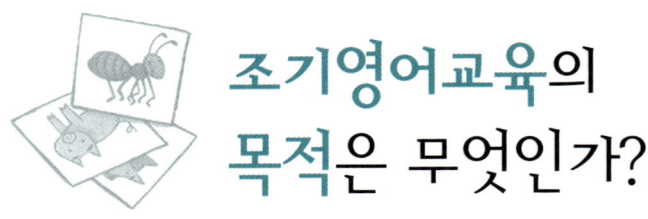
조기영어교육의 목적은 무엇인가?

아이들이 재미있게 영어 공부를 할 수 있게 해 주고, 자연스럽게 영어로 의사소통을 할 수 있게 돕는 것이야말로 우리가 조기영어교육을 실시하는 큰 목적 중 하나이다. 우리 아이가 다른 나라의 아이들과 같이 뛰어 놀고, 커서는 어깨를 나란히 견주어 일하고, 자신의 일을 잘 수행할 수 있게 해 주는 것이 모든 부모의 목표요, 꿈이다. 많은 부모들이 내가 영어만 잘 했으면 지금보다 월등한 대접을 받거나 더 큰 능력을 발휘할 수 있었을 거라고 후회한 경험이 있을 것이다. 좁은 한반도 땅덩어리에서 자원이 부족한 우리 현실에 얽매이지 말고 더 넓은 세계를 위해 일하는 아이들을 만들고 싶은 부모도 있을 것이다.

국가적 차원에서 보면 21세기 정보화와 세계화 시대에 우리 아이들이 외국어를 습득하여 세계화에 기여할 수 있는 경쟁 능력을 갖추는 것 또한 영어교육의 목적이 될 수 있다. 결국 외국어를 수단으

로 우리 아이들이 기술력을 습득하여 국제경쟁력을 갖춘 유능한 산업역군으로 성장하는 한편 우리의 상품을 외국에 판촉해야 하는 무역역군의 자질을 양성하는 데 영어교육의 목적이 있다.

영역	조기영어교육의 목적	비고
단기적 측면	개인의 학교 성적 향상과 학습 태도 함양	개인의 욕구 충족
장기적 측면	21세기 정보화와 세계화의 주역	국가의 복리 충족
교육적 측면	3세 전후의 언어 인지 습득 장치 최대 활용	교육적 부흥 충족
국가사회적 측면	현대화 시대의 영미 선진 문화와 과학 이해	안정된 사회 건설
신경생리적 측면	이중 언어자의 두뇌와 인지 지능 발달 촉진	개인의 잠재력 증진

▶ 조기영어교육의 궁극적 목적

　　교육적인 측면에서 보면, 우리는 자식에게 부모로서의 몫을 다 할 책무가 있고, 교육을 시킬 권한을 가지고 있다. 그래서 귀여운 우리 아이에게 보다 좋은 앞날을 열어 줄 기회를 주기 위해서 조기에 어린이 영어교육을 실시하는 것은 중요한 일이다. 우리는 조기영어교육을 통해 유능한 인재를 조기에 발견하고 월반 등 촉진 과정을 통한 심화 교육과 창의적인 연계 교육을 통하여 더 나은 미래의 꿈을 실현시킬 수 있을 것이다. 또한 21세기 정보통신기술(Information and Communication Technologies, ICT) 시대에 우리 아이들이 세계화의 주역이 되기 위해서도 조기영어교육은 꼭 필요하다.

유태인의 조기외국어교육 들여다보기

노벨상은?
스웨덴의 발명가, 알프레드 노벨(Alfred Nobel)은 다이너마이트를 발견하여 많은 돈을 벌었는데, 그 돈으로 1895년에 노벨 재단을 설립하여 1901년부터 세계적으로 공헌한 물리, 화학, 의학, 문학, 평화, 경제 분야의 인물에게 주는 상을 가리킴

1896년 노벨상(Nobel prize)이 제정된 이래 노벨상 수상자의 32%가 유태인이고, 미국의 금융계를 지배하는 것도 유태인이며, 미국의 정치, 예술, 학문의 세계에서 맹활약하고 있는 것도 유태인이다. 전 세계의 유태인은 2천만 명 정도인데 그 중에서 7백만 명 정도가 미국에 살고 있다. 미국 인구가 3억 3천만 정도라면 약 2%가 유태인인 셈이므로 정말 소수 민족이다. 그런데 이런 소수 민족인 유태인들이 다른 민족보다 더 두각을 나타내는 이유는 무엇일까?

유태인들에게 자녀의 조기교육은 그 어느 것보다 우선이다. 특히 철저한 조기외국어교육은 아이의 두뇌 성장을 촉진시키는 역할을 한다. 흔히 조기영어교육을 반대하는 사람들은 민족의 정체성을 지키기 위해 외국어인 영어를 조기에 학습시켜서는 안 된다고 주장한다. 그러나 유태인들의 이런 철저한 외국어 교육에도 불구하고 그

들만이 가진 민족 의식과 민족 종교 **탈무드(Talmud)**에 대한 가르침은 남다르다. 따라서 조기외국어교육과 민족의 정체성을 잃는다는 것은 전혀 별개의 문제이다.

탈무드(Talmud)
유대인 율법학자들이 사회의 모든 사상에 대해 구전·해설한 것을 집대성한 유대인의 정신적·문화적인 유산

　　외국어 교육을 최고의 가치로 두고 있는 유태인들 사이에는 다음과 같은 이야기가 전해져 내려오고 있다. 기원전 70년경 로마군이 예루살렘을 침공하여 함락했을 때, 그곳의 유태인 지도자인 랍비는 로마 점령군 사령관 베스베잔에게 교육을 통해 민족 유산을 보존하는 것 뿐만 아니라 외국어 교육을 할 수 있도록 간청했다고 한다. 이 이야기는 유태인들이 민족 교육과 외국어 교육을 얼마나 중요하게 생각했는가를 보여 주는 좋은 일화가 된다. 외국어 교육과 민족 교육을 통하여 아이들을 이스라엘 영토에 국한시키지 않고 세계 무대의

주역으로서 활동할 수 있게 하는 것이 유태인의 생존 방법인 것이다.

결국 그들은 외국어를 철저히 교육시켜서 그런 꿈을 실현시킨 산 증인들이다. 유태인의 조기외국어교육 방법은 첫째, 외국어 환경에 노출되도록 한다. 둘째, 가정에서 해당 외국어를 지속적으로 활용하게 한다. 셋째, 해당 외국어를 반복적으로 연습시킨다. 이런 원칙은 모든 유태인 부모들의 일상이 되어 있다.

조기외국어교육을 잘하면 어떤 결과를 얻을 수 있을까? 아이들이 조기에 외국어를 습득하면 지능이 좋아지고, 잠재력이 향상된다. 유태인의 우수성은 2000년 동안 조국을 잃고 방랑 생활을 하면서도 혼신의 힘을 다했던 어머니들의 조기외국어교육과 민족 교육의 결과에서 드러나고 있다. 세계적 과학자인 아인슈타인, 경제학자인 마르크스, 심리학자인 프로이드, 예술가인 스필버그, 정치가인 키신저 등이 유태인의 성공적인 조기교육의 좋은 예가 될 것이다. 또한 세계적인 유태인 철학자로는 스피노자, 앙리 베르그송 등이 있고, 경제학자로 폴 새뮤엘슨, 밀턴 프리드먼, 자연과학자로 현대 양자학의 대가인 닐스 보어, 현대 물리학의 천재 리처드 파인만, 열역학의 일리아 프리고기네, 언어학자로는 놈 참스키 등이 있다. 그들 모두의 공통점은 조기에 다중언어를 터득하였다는 것이다. 결론적으로 조기외국어교육의 직접적인 효과는 첫째, 이중언어습득자는 어휘력 배가로 지능이 촉진되고 경쟁력이 강화된다. 둘째, 청각 감지 능력이 세분화되어 아이의 감성이 풍부해진다. 셋째, 몬테소리의 주장처럼 아이는 개방적

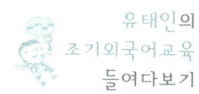

이고 다양한 사고와 창의적인 잠재력을 발휘할 수 있다.

우리나라 부모들도 자녀교육 문제라면 어느 민족 못지 않게 열성적이고 최선을 다하고 있다. 열성적인 자녀교육관은 유태인 못지 않지만 아직까지도 유아교육이나 조기외국어교육에 국가가 나서서 목표 및 내용, 방법 등을 제시하지 못하고 있다는 점이 아쉽다. 모두들 조기외국어교육의 필요성과 중요성을 절감하면서도 실제 실시 여부에 대해서는 말도 분분하고 일부 반대도 있다.

몬테소리의 잠재력 교육

- **몬테소리**(Montessori, Maria 1870~1952)는 이탈리아 출신으로 유아의 잠재 능력을 극대화하는 데 기여한 세계적인 유아교육학자이며, 최초의 발달장애 치료 전문 여의사이다.

- 몬테소리는 유아를 무한한 잠재 능력을 가진 존재, 스스로 선택하고 결정하며 책임질 수 있는 존재, 자신을 창조해가는 창조적인 존재로 본다. 그리고 그런 잠재력을 외국어 교육을 통해 극대화할 수 있다고 주장했다.

조기영어교육 언제부터 해야 하나요

- 다른 나라는 언제부터 외국어교육을 실시하는가?
- 몇 살부터 영어를 시작해야 할까?

다른 나라는 언제부터 외국어교육을 실시하는가?

2000년 초, 일본 정부는 21세기를 대비하여 영어 공용화를 공식적으로 선언하자는 논의가 있었다. 역사적으로 볼 때, 일본은 우리보다 한 발 앞서서 선진 문물을 받아들이고 과감한 개혁을 했다. 그러나 20세기 말에 일본만큼 영어교육을 소홀히 한 나라는 없다. 일본어만 가지고도 세계 무대에서 무역도 할 수 있고, 일본식 평생 경영을 자랑하며 세계의 일등 국가를 이루려던 일본이 아니었던가? 왜 이제서야 일본이 영어 공용화 문제를 제기하는 것일까?

새로운 21세기를 맞아 기술정보화와 세계화를 위한 새로운 패러다임으로 세계 질서가 재구축되는 이 상황에서 일본은 지난 20세기 산업화 시대와 같이 일본어만 가지고는 새로운 천년을 맞을 수 없다는 판단을 한 것이다. 이런 영어 공용화의 역설과 조짐은 일본 경제의 끊임없는 추락에서 그 해답을 찾아 볼 수 있다.

그러면 현재 세계 여러 나라가 조기영어교육을 실시하는 시기는 언제부터인가? 세계 각국은 국제경쟁력 강화를 위해 정책적으로 영어를 초등학교 때부터 가르치거나 제 2언어 혹은 공용어로 사용하는 경향이 늘고 있다. 이것은 단순히 영어가 좋아서, 영어를 공부하기 위해서 그런 것이 아니라 적어도 21세기에 실제로 영어가 국제어, 세계어 혹은 정보어, 과학기술언어로써의 기능을 하고 있기 때문이다.

시기와 국가		4세	5세	6세	6~8세	7~9세	10세
외국어로써의 영어교육 국가		인도	싱가포르	홍콩	이라크	북한	독일
		필리핀	룩셈부르크	일본	인도네시아	이집트	요르단
			중국	노르웨이	스리랑카	노르웨이	러시아
				말레이시아	프랑스		스페인
공용어 국가		인도, 필리핀	싱가포르		스웨덴		

▶ 세계 각국의 조기영어 시작 시기

각 국의 초등영어교육 시작 시기는 싱가포르(Singapore), 룩셈부르크(Luxemburg), 중국(China), 홍콩(Hong Kong), 일본(Japan)이 5~6세이고, 특히 싱가포르(Singapore)는 영어를 학교의 공식 언어로 채택하여 사용하고 있다. 인도(India)와 필리핀(Philippines)은 4~5세인데, 특히 이 두 나라는 영어를 제 2언어와 공용어로 사용하고 있다. 이라크(Iraq), 인도네시아(Indonesia), 스리랑카(Sri Lanka), 프랑스(France), 스웨덴(Sweden)은 6~8세이며, 북한, 이집트(Egypt), 노르웨이(Norway)는 7~9세, 독일(German), 요르단(Jordan), 러시아(Russia), 스페인(Spain)은 10세이다. 세계 인구 중에 영어를 사용하는

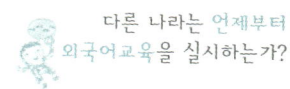

나라는 약 20억 정도이고, 영어를 공식 통용어로 사용하는 인구만도 10억으로 추산하고 있다. 실제 미국이 정보화 산업을 주도하면서 당분간 전 세계를 영어 제국으로 만들 것이기 때문에 각 나라의 조기영어교육 시작 시기는 더욱 빨라질 것이다.

피아제의 인지발달 단계

📖 **피아제**(Jean Piaget, 1896~1980)는 세 자녀의 인지발달 단계를 관찰, 연구하여 아이들의 인지언어가 다음의 네 단계로 발달된다는 것을 발견했다.

- **감각운동기** : 옹알이, 반복하기 단계
  (0~2세)
- **전조작기** : 언어직관 형성, 언어 습득 시기
  (2~6세)
- **구체적 조작기** : 자기중심적 사고를 벗어나는 시기, 논리적 사고언어 발달 시기
  (6~12세)
- **형식적 조작기** : 논리적, 귀납적, 연역적, 협동적, 지적 언어 구사 단계
  (12세~성인)

몇 살부터 영어를 시작해야 할까?

귀여운 우리 아이에게 언제부터 외국어를 시키면 좋을까? 이런 질문은 자녀를 둔 모든 부모의 공통적인 관심사이다. 저자의 아이는 3살 반에 미국에서 영어를 시작했는데, 그 당시 아이의 우리말 발달은 정상적이었고, 외국어를 터득하는 데 아무런 문제가 없었다. 정상적인 어린아이의 외국어 교육 시작 시기는 3세로 보는 것이 좋다.

그러면, 신체적으로 볼 때 어린아이가 외국어를 습득하기 좋은 **결정적 적기(Critical Period)**가 과연 존재할까, 만약 존재한다면 언제일까? 많은 학자들이 조기외국어교육을 지지하면서 결정적인 적

기가 존재할 것이라고 믿고 있다. 특히 소련 출신의 심리학자 비고스키(Vygotsky, 1962)는 사춘기(11~12세) 전의 신체 조건을 언어 습득의 적기로 보고 있으나 빠르면 빠를수록 좋다는 입장이다. 미국 프린스턴(Princeton)대학교 의과대학 연구팀 펜필드와 로버트(Penfield & Robert, 1959)도 두뇌의 유연성(plasticity)이 3세경에 가장 왕성하고, 이 시기에 언어 습득 또한 활발하다고 보고 있다.

미국의 신경의학자 스프링거와 도취(Springer & Deutsch, 1981)는 두뇌의 측면화(lateralization)작용이 언어 습득에 중요한 역할을 한다고 보고 있다. 두뇌의 측면화 이론에 의하면, 좌반구는 언어를 관장 및 통제하고 우반구는 음악을 통제하는 기능이 세분화된다고 한다. 그들은 이런 측면화 현상은 사춘기 전에 이루어지고 있다고 보고, 가능하면 두뇌의 유연성이 있는 어린 유아 시기가 외국어 습득의 적기라고 보고 있다. 따라서 일반적으로 사춘기 전에 조기영어교육을 하는 것이 가장 좋은 시기라고 생각되지만, 사실 두뇌의 성장이 어른의 80%가 완성되는 3세 경부터 외국어를 시작하는 것이 가장 효과적이라고 할 수 있다.

> **비고스키**
> (Vygotsky L. 1896~1934)
> 구 소련 출신의 사회적 구성주의의 대표적인 학자로, 그에 따르면 유아는 민감기(Sensitive Device)를 갖고 태어난다고 한다. 그는 단계적 지도(scaffolding)를 강조하고 있다.

> **두뇌의 유연성 (plasticity)**
> 유아 두뇌의 초기 특수성을 가리키는데 특히 인지의 흡수력이 빠른 자질과 특성을 말한다.

> **두뇌의 측면화 (lateralization)**
> 뇌의 좌반구와 우반구의 기능 분화 현상을 말한다. 일반적으로 좌뇌는 논리나 분석, 객관적인 판단 및 언어와 관련된 기능을 주로 하고, 우뇌는 감정, 통합, 주관적 판단과 관련된 기능을 주로 한다고 알려져 있다.

시기(개월)	습득 활동	특징
0~18	옹알이 시기	반복하여 발성하는 언어 이전 시기
18~24	한 단어 시기	한 단어로 의사소통 하기
24~36	다단어 시기	창의적 문장 생성하기
36~48	문장 형성 시기	응용하여 대화하기 (언어 습득 적기)
48~	성인 의사소통 시기	성인의 언어 능력 배양

▶ 언어 습득 시기와 특징

아이의 발달을 보면, 생후 6개월에 뇌세포는 2배로 늘어나고, 0~18개월 사이에는 옹알이 시기로 단순한 조음의 반복을 하다가, 빠른 아이는 8~16개월부터 보통 18~24개월 사이에 한 단어를 사용하여 의사소통을 하기 시작하며, 24개월부터 두 세 개의 단어를 사용하기 시작하면서 언어가 놀랍게 증폭된다. 32~36개월부터는 여러 단어를 사용하여 말을 하기 시작하면서 많은 수의 문장을 구사할 수 있게 된다. 만 3세가 되면 어린아이의 두뇌는 어른의 80%에 이를 정도로 발달하게 된다. 피터슨 등(Peterson, et al, 1988)도 양전자 단층 방사 촬영(Positron Emission Topography)을 통하여 관찰해 본 결과 3세의 두뇌 언어 반응 정도가 성인의 것과 똑같이 나타난다는 사실을 발견했다. 따라서 신체적으로 3세의 어린아이는 외국어 교육을 시작할 적기가 된다.

그래서 두뇌가 가장 왕성한 3세 경에 조기외국어교육을 시키면 우수한 두뇌로 개발될 수 있다. 3세부터는 80%의 아이들이 외국어를 터득하기에 가장 적절한 시기이다. 이 시기는 유치원에 가기 이전의 시기이므로 부모의 관심과 사랑이 아이의 두뇌 성장에 결정적인 역할을 한다. 3세 이후에 얼마만큼 두뇌 작용을 촉진시킬 기초를 쌓아 주느냐에 따라서 영재가 될 수도 있고 보통 아이가 될 수도 있다. 그러나 0.1% 정도의 아이들은 3세 전후 시기에 부모의 지나친 욕심이나 참견이 원인이 되어 심하면 **자폐증**(autism)이나 **함묵증**(mutism)을 보이거나 혹은 경미한 경우에 말더듬(stuttering)이 형태를 보이기

자폐증
아이가 외부 세계와의 접촉을 기피하거나 거부하는 병적인 심리 행동 증상

함묵증
아이가 일부 특정 상황에서 말을 하지 않는 증상

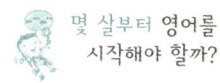

쉽다. 3세 전후 시기에 외국어를 가르치는 것이 일부 아이들에게 장애가 될 수도 있기 때문에 경우에 따라서는 4세 이후부터 외국어에 노출시켜도 무리없이 목표어를 터득하게 될 것이다. 3세 경의 아이 중에서 약 10%는 외국어든 모국어든 별 흥미를 보이지 않을 수도 있다. 4세 경의 아이 중에서 약 5%는 외국어든 모국어든 언어 학습 능력이 뒤떨어지는 아이가 있을 수 있다. 그러나 이런 아이들은 외국어를 가르치지 않아도 언어 학습이나 기타 학습에 장애를 가지고 있는 아이들이다. 이런 아이들도 5세가 되면, 즉 취학 전에는 외국어나 모국어에 자연스럽게 흥미를 느끼며 외국어를 말하고 싶어한다. 그러므로 아이 각각의 특성에 따라서 외국어를 가르치는 시기를 조절해 주어야 한다.

비고스키의 단계적 지도론

📖 **비고스키**(Vygotsky, L. 1896~1934)는 소련 출신의 사회구성주의 대표학자이다. 그는 언어습득을 위해서 엄마의 도움이 절대적으로 필요하다고 보고, 그런 엄마의 언어 지도를 단계적 지도(scaffolding)라고 보고 있다. 그에 따르면 아이의 언어 수준과 현실적인 언어 사용 사이에는 큰 격차가 있기 때문에 단계적 언어 발달 지도가 필수적이라고 주장했다.

이런 엄마가 영어 영재를 만든다

- 아이의 최고 선생님은 엄마다
- 엄마는 친구이고, 스승이며, 언어 습득의 모형이다
- 칭찬은 우리 아이를 언어 영재로 만든다
- 아이는 부끄럼 없이 외국어를 쉽게 터득할 수 있다
- 우리 아이는 언어 똑똑이?
- 스트레스 없는 영어 노출 환경 만들기
- 어떤 절차로 영어 공부를 하면 효과적일까?

아이의 최고 선생님은 엄마다

동서고금을 막론하고, 엄마의 역할은 아이 성공의 지름길이요 열쇠이다. 어린 시절 말더듬이였던 아인슈타인은 초등학교 선생님이 가망 없다는 낙인을 찍어 놓았을 정도였지만 세계 최고의 과학자가 될 수 있었던 것은 엄마의 격려와 사랑 때문이었다. 에디슨도 초등학교 2학년 때 선생님으로부터 부진아 판정을 받았지만 엄마의 도전적 실험 정신으로 세계의 발명왕이 될 수 있었다. 링컨도 제대로 된 정규 교육을 받지 못했지만 엄마의 성경 공부를 통하여 정의, 정직, 신념의 정치가로 미국 노예 해방을 이룩한 역대 최고의 대통령이 될 수 있었다.

2001년 4월 보스톤 마라톤 대회에서 세계를 제패한 이봉주 선수의 뒤에는 어머니의 끝없는 격려가 있었기에 35회의 국제대회에서 단 한 번도 기권하지 않고 42km를 완주할 수 있었다. 최근 2007년 3월에는 37세의 나이로 세계선수권대회에서 우승을 하는 쾌거를 거두었다. 정경화, 정명화, 정명훈 세 남매를 세계 최고의 음악가로 키워낸 어머니의 감동적인 희생 정신과 노력은 우리 모두 본받을 만하다. 2007년 3월 23일 조선일보에 소개된, 예일대 교수를 지낸 전혜성 여사가 자신의 6남매를 미국 주류사회의 엘리트로 교육시킨 이야기도 감동적이다. 그녀는 고경주(하버드대 공공보건대학장), 고홍주(예일대법대학장), 고경신(중앙대 이과대학장) 등 세 자녀를 모두 미국 최고 명문대학에 보내 세계적인 석학으로 키워냈다. 그녀의 비결은 "부모가 먼저 책을 읽어라. 그러면 큰아이가 따라하고, 동생이 따라하고, 이웃집 아이가 따라한다"는 것이었다.

이런 성공적인 사례를 통하여 엄마의 역할이 아이의 영어교육에 결정적임을 알 수 있다. 외국어를 습득할 때에도 모국어를 습득할 때처럼 엄마와 아이가 함께 흥미 있는 놀이나 게임, 챈트나 노래, 음악 자료, 쉬운 학습 교재 등을 이용하여 함께 학습하는 것이 효과적이다. 이 말은 결국, 친근한 느낌을 주는 보호자이며 학습 안내자인 어머니가 외국어에 알맞은 분위기와 환경을 조성하여 함께 학습한다면 모국어만큼 효과적인 조기영어교육이 될 수 있다는 말이다.

외국어의 여러 가지 기능 훈련 방법을 고려하여, 어머니의 역할을 다음과 같이 수행하면 아이가 더욱 효과적으로 외국어를 습득할 수 있다. 아이들은 엄마와 함께 노래를 부르거나 챈트를 하면서 쉽게 새로운 정보를 습득하게 된다. 실제 자극적인 반응에 응답하는 과정을 통하여 아이들은 새로운 언어 정보에 친숙하게 된다. 아무리 학

습에 흥미가 없는 아이조차도 엄마와 함께 노래를 부르고 외우는 것을 좋아한다. 아이들이 말을 더듬을 때 교정 방법은 간단하다. 엄마와 함께 노래를 부르면서 대화를 주고받는 과정을 여러 번 반복하다보면 언제 말을 더듬었는지 알 수 없을 정도로 금방 고칠 수 있다. 엄마는 묘약이다. 엄마 말은 묘약이다. 엄마 모습은 묘약이다. 엄마는 모든 것을 해결하는 해결사이다. 엄마의 영향력은 아이를 천재로도 만들 수 있다. 엄마는 아이들의 무한한 가능성과 잠재력을 개발할 수 있는 마술사이다.

이런 엄마가 되어 주세요!

항목	조기영어 학습에 대한 엄마의 준비 단계
1	엄마는 아이와 함께 생활하고 놀아주며 사랑으로 키우고 실천한다.
2	엄마는 아이의 영어 공부 프로그램, 교구 및 교재, 동화 등을 선택할 안목을 기른다.
3	엄마가 먼저 영어 공부를 하고 프로그램 내용을 파악한다.
4	엄마는 항상 아이와 이야기를 나눈다.
5	엄마는 아이가 더 많이 이야기하게 하고 기회를 준다.
6	엄마는 동화나 재미있는 이야기를 많이 들려준다.
7	엄마는 아이가 많은 체험을 하게 도와준다.

엄마는
친구이고, 스승이며,
언어 습득의 모형이다

엄마는 언어를 매체로 아이와 긴밀한 상호 관계를 맺음으로써 학습 활동을 이끌어가고 지도하는 최초의 스승이다. 즉, 가정에서 엄마의 음성, 말투, 어휘 등이 아이의 언어 행동과 발달을 좌우하게 된다. 거칠고 커다란 엄마의 음성은 아이를 당황하고 불안하게 만들며, 부드럽고 잘 조절된 음성은 아이를 편안하고 안정적으로 만든다. 이처럼 엄마는 아이 발달의 정의적 측면에 영향을 미치는 동시에 언어 학습의 모형을 형성하는 역할을 감당하게 된다.

그 동안 우리나라 엄마들의 언어 행동에 관한 연구를 살펴보면, 일반적으로 우리나라 엄마들의 언어 형태는 지배적인 것으로 나타났다. 여기서 지배적 언어 형태란 허용적이고 민주적인 언어 형태와 반대되는 것으로, 아이의 의견을 무시하고 엄마가 독단적으로 지시하고 명령하는 것을 의미한다. 가정에서 중요시되는 의사소통을 위한 바람직한 엄마의 역할은 다음과 같다.

우선 엄마는 아이가 공부하는 동안에 편안하고 적합한 학습 조건을 만들어서 아이들이 호기심을 가지고 영어를 탐험하게 해 주어야 한다. 의사소통 중심의 학습 환경에서는 엄마가 학습 촉진자와 보조자의 역할을 한다. **촉진자(facilitator)**란 아이들이 경험적으로 학습하는 방법을 배워 혼자서도 공부를 할 수 있는 자율성을 가르치는 역할을 하는 것이다. 엄마는 아이가 의사소통 중심의 영어를 체험하기 위해서 새롭게 체험해야 할 내용을 제시하고 연습과 활동을 도와주며 아이 스스로 노력하는 자율성을 길러주어야 한다.

엄마의 유형	엄마의 역할	교육적 효과
정보 제공자	새로운 지식과 정보를 제공해 준다.	아이의 새로운 도전력 향상
통제 평가자	연습과 학습 진행을 점검해 준다.	성실한 언어 능력 수행자
관리자	보호하고 안내하고 이끌어 준다.	단계적 발달 유도로 이끔
동기 유발자	성취 의욕과 분위기를 조성해 준다.	지속적인 창조성 유지함
교재 선택자	학습 안내와 수준별 교재를 선정해 준다.	변화하는 환경의 자료 흡수

▶ 엄마의 역할

하머(Harmer, 2001)라는 학자는 엄마가 정보 제공자, 통제 평가자, 관리자, 동기 유발자, 교재 선택자의 역할을 담당해야 한다고 강조하고 있다. 첫째, **정보 제공자(informant)**란 아이가 영어 공부를 할 때 엄마가 정보를 제공하는 역할을 담당한다는 것이다. 엄마는 공부하게 될 내용을 아이와 함께 선정하고 공부한다. 둘째, **통제 평가자(conductor and monitor)**란, 엄마가 아이와 최대한 많은 영어 연습

을 하도록 고안하고 준비하는 역할을 한다. 이때 연습은 의미 있고 아이가 쉽게 기억할 수 있는 것이라야 한다. 셋째, 관리자(manager and guide)란 엄마가 아이의 유창성을 키워주려고 할 때 영어 공부가 단지 연습 단계로 끝나는 것이 아니라 아이가 직접 표현하는 단계를 반드시 거치도록 해야 한다는 것이다. 이는 아이가 스스로 영어를 사용할 수 없으면 실제 학습이 일어난 것으로 보기 어렵기 때문이다. 넷째, 동기 유발자(motivation inciter and supporter)란 영어 공부에서 가장 중요한 것은 아이들에게 학습 동기를 부여해 주는 것이라고 할 수 있다. 그러므로 엄마는 영어를 공부하는 동안에 아이들에게 학습을 지원할 수 있는 긍정적인 분위기를 형성함으로써 아이들에게 의사소통 활동에 참여하려는 동기를 부여하고 흥미를 느끼게 하여 참여하도록 유도하는 역할을 한다. 다섯째, 교재 선택자(material selector)로서의 엄마는 영어교육 과정을 전달하는 수동적 활동만이 아니라 교재를 선택하여 적극적으로 활용하는 역할을 한다.

이런 역할 이외에도 엄마는 첫째, 인내심을 갖고 아이를 사랑하는 따뜻한 엄마가 되어야 하고, 둘째, 여러 자녀들에 대하여 항상 공정하게 평가하여 만족감과 성취감을 동시에 맛보게 하는 엄마가 되어야 하며, 셋째, 아이들에게 언제 어디서나 무엇이든 친절하게 가르쳐주는 스승이라는 것을 잊지 말아야 한다. 넷째, 아이들에게 든든한 울타리의 역할을 하는 보호자가 되어야 하며, 다섯째, 아이들에게 최대한 재미있게, 그리고 아이들이 호기심을 느끼며 배울 수 있는 방법으로 가르쳐야 한다.

우리 아이 영어 이렇게 가르쳐 보세요

단계	내용
1	조급해하지 말고 아이들에게 칭찬을 통해 동기를 유발해 주세요.
2	인터넷 학습이나 게임 등을 다양하게 활용하여 영어에 노출시켜 주세요.
3	리듬감 있는 노래나 챈트를 활용해 보세요.
4	가정에서 쉬운 대화는 영어로 얘기해 보세요.
5	같은 표현을 충분히 반복해 주세요.
6	영어 동화책을 많이 읽어 주세요.
7	영어권 나라를 직접 방문해서 현장 학습을 하는 것도 좋아요.

칭찬은 우리 아이를 언어 영재로 만든다

아이가 주눅들게 말하지 말라. 부모가 항상 생각해야 할 속담은 "콩 심은 데 콩 나고, 팥 심은 데 팥 난다"라는 말이다. 너는 왜 이렇게 못하니, 엄마는 아이에게 아빠 닮아서 그렇게 못한다고 야단치고, 아빠는 아이에게 엄마 닮아서 그렇게 못한다고 야단친다. 이렇게 하다보면 아이들은 부모와 상호작용을 하려 하지 않고 겉돌기 시작한다. 이것은 언어 발달의 장애 요인이기도 하다. 또한 전반적인 학습 장애의 요인이요, 문제이기도 하다.

엄마, 아빠의 **칭찬** 속에 아이의 외국어 능력은 무럭무럭 자란다. 그리고 엄마, 아빠의 관심과 사랑 속에 아이의 정서는 안정적으로 발달된다. 부모들은 아이의 언어 발달 단계에 대하여 시기별로 아이가 무엇을 알고 있으며, 그런 언어 지식이 어떻게 변하고 있는지 혹은 어떤 오류를 범하면서 자신의 언어로 습득되고 있는지에 대하여 지속

> **칭찬(compliment)**은 학습의 보약이고, 발달의 원동력이며, 지도의 매직이고, 언어 표현의 마술사이다. 그러므로 외국어 학습에서 칭찬은 교육적 강화 활동이며 보상 활동이다.

적인 관심과 애정을 가져야 한다.

아이의 옹알이 단계를 언어 이전 과정이라고 하는데, 언어학자들은 이 시기에 엄마의 따뜻한 관심과 배려만 있어도 언어 학습이 잘 이루어진다고 보고 있다. 예를 들어, 아이들은 말소리에 관심을 가지며 항상 소리에 귀를 기울이고 그에 반응한다. 말소리의 의미를 이해하기 전에 리듬과 억양에 민감하게 반응한다. 소리를 지른다든지 성낸 표정을 하면 곧 울어버린다. 미소를 지어 보이면 바로 따라 웃는다.

엄마는 항상 아이에게 따뜻한 눈길과 정성으로 "Good job! Yod did a good job! Very Good!" "우리 아이는 영어도 잘하고, 우리말도 잘하네."라고 끊임없는 관심과 사랑을 보여 주면 더욱 효과적이다. 그러면 아이들은 상호작용을 좋아하게 되고 상대방이 말을 하면 주의 깊게 듣고 반응을 하게 된다. 그리고 이런 반응을 할 때면 아이들은 상대방에게 적당한 말을 할 수 있게 된다. 이런 과정이 6세 이전까지 진행되면서 어른과 같은 수준의 상호작용 반응이 형성된다. 다시 말해서 아이는 언어만 습득하는 것이 아니라 언어의 사회적인 맥락과 의사소통, 상호 작용 등을 민감하게 체험한다. 아이는 언어의 틀을 이해하면서 언어를 이해하고 언어의 기능을 이해하면서 의사소통의 기능을 향상시킨다. 두 살 된 아이는 단어의 뜻을 정확하게 알지 못하면서도 그 단어를 사용하고, 취학 전 5세부터 단어의 뜻이 무엇인지 알기 시작하고 부모의 격려와 칭찬 속에서 단어 놀이나 말장난을 하면서 자연스럽게 언어를 터득한다. 아이들은 점진적으로 언어를 습득한다.

엄마들은 칭찬이 얼마나 중요한지 인식해야 한다. 최근 영국 정부에서 유치원과 초등학교의 문제 어린이 지도 지침이 나왔는데, 아무리 문제 어린이라도 네 번의 칭찬과 한 번의 질책을 번갈아 사용할 것을 권장하고 있다.

존 듀이의 칭찬과 배려 교육

📖 미국의 실용주의 교육학자인 **존 듀이**(Dewey, 1934)는 칭찬과 지속적인 배려를 통하여 어린이가 교육적으로 변화하게 하고, 생활 속에서 언어를 체험하게 할 것을 권장하고 있다. 즉 그는 교육이란 칭찬과 배려를 통해 성장하고 계속적으로 경험을 재구성하는 과정이자 사회화 과정이라고 보고 있다.

아이는 부끄럼 없이 외국어를 쉽게 터득할 수 있다

어린 시절에 아이들은 동기가 충만하고 자신감이 비교적 많으며 불안감이 적은 것이 특징이다. 이런 특징 때문에 이 시기의 아이들은 외국어 습득이 잘 이루어진다. 외부 세계에 대한 두려움과 부끄럼이 없어서 아이들은 외국어에 자연스럽게 접근한다. 그러므로 엄마들은 조기영어교육을 할 때 단순히 문자 형태만을 지도하기 보다는 의미 있는 의사소통이 이루어지도록 유도하고, 여러 사람들과 자주 접촉할 수 있는 활동 영역을 제공한다면 보다 효과적인 영어 학습이 가능하다. 아이의 외국어에 대한 학습 태도를 좀 더 자세히 살펴보면 다음과 같은 특성과 학습 효과를 가지고 있음을 알 수 있다.

항목	언어 습득의 특성	학습 효과
1	아이는 매사에 흥미와 개방적인 태도를 가진다.	학습 흡수력 극대화
2	아이는 대상 언어에 호기심을 가지고 있다.	학습 결과의 배가
3	아이는 자기 확신과 개방적인 성격을 가진다.	심화 보충 학습 가능
4	아이의 수준에 알맞은 의사 소통을 실현한다.	언어 능력 향상
5	아이는 외국 문화에 대한 충격이 적다.	언어 습득 효과 증대
6	아이는 외향적인 학습 활동과 태도를 가진다.	의사소통 능력 증대

▶ 아이의 언어 습득 특성

　첫째, 아이는 어른에 비해서 매사에 흥미를 느끼고 개방적인 학습 태도를 가지고 있다. 둘째, 아이가 가진 대상 언어에 대한 호기심은 외국어 습득에 큰 효과를 준다. 셋째, 아이의 자기 확신과 개방적인 성격이 외국어 습득에 도움을 준다. 넷째, 아이는 모국어 화자처럼 영어를 완벽하게 구사해야 한다는 부담감이 없이 의사소통에 중점을 두고 대화를 한다. 다섯째, 아이는 외국 문화에 대한 충격을 덜 받는 편이다. 여섯째, 아이는 학습에 대해 외향적인 태도를 취하며 이러한 태도는 외국어 학습에 도움이 된다.

　외국어를 배우지 않고 모국어만 습득하는 아이일지라도 내성적이고 소극적인 아이들은 흔히 언어 장애를 잘 일으키거나 언어 발달이 늦어진다. 즉, 부끄럼을 잘 타고 폐쇄적인 아이는 언어 발달과 외국어 습득이 늦어진다. 이런 아이가 외국어를 배운다면 마치 외국어의 영향 때문에 성격이 소극적으로 변하고 말을 기피하며 말더듬이나 자폐증에 걸린 것으로 생각하는 정신과 의사나 전문의, 유아 전문가들이 있다. 그러나 그것은 아이가 지닌 폐쇄성 때문에 일어나는 현상이지 외국어 때문에 장애를 겪는 것은 아니다. 반대로 이런 폐쇄적인 아이들에게 외국어를 가르쳐 줌으로써 개방적인 성격으로 바꾸어 준다면 이런 병리 현상도 치유될 수 있다. 이런 아이는 외국어를 배우지 않아도 언어장애가 일어날 수 있다. 이것은 아이 자체의 성격이나 신체적인 발달 등에 결함이 있기 때문이다. 이런 기본적인 사항을 고려하지 않고 그 원인을 외국어 학습 탓으로만 돌리면서 정상적인 아이도 외국어를 배우지 말아야 한다는 식의 논리 전개는 무리가 있다. 엄마는 아이의 성격을 개방적이고 자연스런 성격으로 유도하면서 격려하는 수단으로 외국어를 가르치는 것이 필요하다.

우리 아이는 언어 똑똑이?

아이들에게 개인차(Individual difference)와 각기 다른 특성은 분명 존재한다. 그러나 아이들의 외국어 습득 잠재력은 누구에게나 동일하다. 즉, 개인적인 차이는 있으나 가정에서 배움의 즐거움과 습관을 잘 체득한 후에 학교에 입학한다면 그런 배움의 의욕이 학교 생활에서도 계속되기 때문에 아이들의 무한한 잠재력을 보다 잘 개발시킬 수 있다. 그래서 아이들에게 가정에서 엄마와 함께 하는 영어 공부가 즐겁듯이 학교 공부도 집에서 배우는 것처럼 신나고 즐거울 거라는 인식을 심어주는 것이 중요하다.

하버드 대학교 가드너(Gardner, 1993) 교수는 오랫동안 어린 아이들의 재능을 연구했는데, 그 결과 어린아이는 7가지 다른 특성을 가지고 태어난다고 주장했다. 그런 재능을 활용하여 영어를 가르치는 것을 다인지 교수 학습 방법(Multiple Intelligence Method)이라고 한다.

> **가드너(Gardener, H) 박사**는 하버드대학교 교육학 교수로서 1993년에 『다인지(Multiple Intelligences)』라는 책을 출간하여 아이들의 특성에 7가지 유형이 있다는 것을 발견한 학자이다. 그의 이론은 아이의 특성과 개인차를 인정하고, 능력별, 수준별 지도를 강조하고 있다.

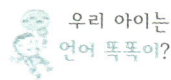

　어린 아이들의 7가지 특성은 다음과 같다. 첫째, 음악 똑똑이 (Musical Lear-ner)는 노래, 챈트를 너무 좋아해서 음악을 통하여 영어를 교육시키면 제일 효과적이라고 한다. 둘째, 언어 똑똑이(Verbal Learner)는 단어놀이, 퍼즐 게임, 단어 만들기 등 다양한 단어 공부 활동만 보면 너무 좋아하고, 사전을 가까이하는 성향을 타고 난 아이들이다. 그래서 그 아이들은 단어 놀이를 통하여 영어를 잘 숙달할 수 있다. 셋째, 그림 재주꾼(Visual Learner)은 그림을 그리기를 좋아하는 아이들로서 미술을 통하여 영어를 공부하면 영어를 잘 터득한다. 넷째, 운동 재주꾼(Bodily Learner)은 운동을 너무 좋아해서 율동을 통하여 영어를 공부하면 잘 숙달한다. 다섯째, **셈 박사(Math Learner)**는 아주 어릴 때부터 셈을 좋아해서 수학을 활용한 영어 공부를 하면 더욱 효과적이다. 여섯째, **독자적 공부형(Intrapersonal Learner)**의 아이는 조용히 혼자서 생각하고 사색하면서 공부하길 좋아하고 아이들과 떠들면서 공부하면 싫어한다. 마지막으로 **사회적 친화형(Interpersonal Learner)**도 있다. 이런 아이는 여러 아이들과 함께 게임도 하고 놀이도 하면서 영어를 배우기를 좋아한다.

다인지 교수 학습 방법에서는 이렇게 각각 다른 아이들의 특성을 고려하여 가르치는 것이 바람직하다고 본다. 이런 다양한 특성은 아이들마다 다르게 존재할 수 있다. 어떤 아이에게는 오직 하나의 특성만 존재하기도 하지만 어떤 아이는 2개 혹은 그 이상의 특성을 갖기도 한다. 단, 아이들마다 다른 특성을 갖고 있다 해도, 그들이 가지고 있는 잠재력의 가능성은 모두 동일하게 존재한다. 그래서 그런 잠재력을 개발시켜 주기 위해서 조기영어교육을 시키자는 것이다.

아이의 유형	개인적 특성과 장기	조기영어교육에 적용
음악 똑똑이	노래, 챈트	뮤지컬 잉글리쉬 지도
언어 똑똑이	단어, 단어 퍼즐, 단어 놀이	어휘 사전 놀이 지도
그림 재주꾼	그림, 삽화, 사진 놀이	만화 영어 지도
운동 재주꾼	체육, 활동 놀이	율동 놀이 영어 지도
셈박사	산수, 셈하기 놀이	수학 놀이 영어 지도
독자형	사색형 게임	혼자 책읽기 놀이 영어 지도
친화형	협동 놀이 활동	토론 학습과 협동 학습 놀이 지도

▶ 다인지 교수 학습 방법에 따른 어린아이의 7가지 특성

스트레스 없는
영어 노출 환경 만들기

아이의 생활이란 그 자체가 학습 활동이고 성장의 과정이다. 인위적이고 부자연스러운 생활 환경은 교육적인 효과를 기대할 수 없다. 아이들에게 자연스런 분위기나 환경을 조성해 주고 아이들의 외국어에 대한 호기심을 자극해 준다면 효과적인 외국어 연습이 될 것이다. 아이들이 편안한 분위기에서 외국어를 습득한다는 논리는 외국어 교수 방법에서도 이미 잘 알려진 사실이다.

암시적 교수법(Suggestopedia)을 주장한 불가리아 심리학자 겸 정신과 의사인 조리지 로자노브(Georigi Lozanov, 1978)에 의하면, 일반적으로 외국어 학습자들이 외국어의 습득에 실패하는 가장 큰 원인은 학습자들이 갖고 있는 정신적 잠재력을 완전하게 발휘하지 않는 데 있다고 본다. 성공적인 외국어 학습을 위해서는 그러한 잠재력을 최대한 발휘할 수 있는 환경을 만들어 주어야 하며, 잠재력을 최대한 발휘하지 못하게 하는 심리적 장애 요인들을 제거해 주어야 한다고 주장한다.

이 학습 방법은 첫째, 공포나 불안한 상태로부터 해방되도록 편안한 분위기를 조성하고, 부정적인 심리 상태를 제거해 준다. 둘째, 엄마가 아이와 같은 눈높이에서 행동하면서 아이의 심리 상태를 최대로 활용하여 학습시키며, 셋째, 음악을 사용하여 부드러운 분위기를 조성해 주고 관련된 사물을 가지고 연상을 통해 학습시킨다. 넷째, 외국어 현상을 명확히 설명해 주고 음악과 함께 발음을 연습한다. 다섯째, 아이의 오류를 모두 교정해 주기 보다는 자연스런 상태에서 학습할 수 있게 하며, 마지막 여섯째, 아이에게 긍정적인 사고와 할 수 있다는 자신감을 갖게 해야 한다.

영어 스트레스, 이렇게 해소해 주세요!

단계	엄마의 역할
1	엄마와 아이는 영어 공부의 결과에 조바심내지 않는다. 조기영어학습은 생활 속에서 놀면서 터득한다. 엄마는 아이의 진도를 재촉하지 않는다.
2	엄마는 아이가 기분 좋을 때 아이와 함께 영어 공부를 한다. 그 기회를 놓치지 않는다. 엄마는 10분 이상 영어 공부를 강요하지 않는다. 아이가 더 하고 싶으면 더 하고, 멈추고 싶으면 멈춘다. 엄마도 싫증이 나면 멈춘다.
3	활동 중심의 영어 공부, 즉 챈트, 노래, 역할극, 짝 활동, 놀이, 게임 등으로 영어를 공부한다. 큰 소리로 외치고 웃고, 노래하고 생동감 있게 영어를 공부한다.
4	학습 내용과 관련된 음악, 율동 등을 듣고 공부한다
5	하루 중에서 가장 좋은 시간에 영어를 공부한다. 엄마는 아이에게 잠자기 전에 동화를 들려준다.
6	엄마는 아이가 더 많이 이야기를 하게 하고 기회를 준다.
7	엄마는 자기 아이를 옆집 아이와 비교하거나, 언니나 오빠 혹은 동생과 비교하지 않는다.
8	엄마는 아이가 좌절할 때, 따뜻하고 포근하게 감싸주고, 재미와 흥미와 사랑을 준다.

어떤 절차로 영어 공부를 하면 효과적일까?

귀여운 우리 아이에게 어떤 방법으로 영어를 가르쳐야 할까? 엄마들이 영어 전문가도 아닌데 아이에게 영어를 어떻게 가르쳐야 하나 망설이는 것은 당연한 일이다. 그러나 다시 한번 강조하지만 엄마는 아이에게 최고의 선생님이다. 걱정만 하지 말고 다음과 같이 3단계로 효과적인 영어 지도 모형을 생각해 보자.

▶ 3단계 영어 지도 모형

어떤 절차로 영어 공부를 하면 효과적일까?

제 1단계 제시 (Presentation) 영어의 소리 바다에 들어가라

보고 듣기(Look & Listen): 엄마가 책이나 비디오, 인터넷을 보고 영어 소리를 들으면서 손가락으로 가리켜 본다. 그림을 다시 보면서 천천히 반복하여 듣는다. 처음 영어를 시작할 때 유의할 점은 아이가 흥미를 가질 수 있도록 만들어 주고 사랑으로 배려하는 것이다. 무리하게 10분 이상 하지 말고, 아이가 하고 싶을 때 하게 한다. 그림을 보면서 반복하여 듣고 영어의 소리를 따라한다. 아이가 따라하거나 반응을 보이면 엄마는 칭찬과 관심을 보여 준다. 아이들은 생후 24시간이면 인간 언어에 반응하고, 8개월부터 한 단어를 터득하며, 36개월부터 모국어를 유창하게 한다. 그러므로 외국어를 습득할 때도 듣기는 언어 습득의 결정적인 요인이다.

제 2단계 연습 (Practice) 영어의 세계에 빠져라

듣고 말하기(Listen & Talk): 그림을 보면서 앵무새처럼 반복하여 들은 것을 따라 말해 본다. 필요하면 녹음을 하면서 발음 연습을 한다. 그림을 다시 보면서 실제 행동과 함께 듣기 연습을 한다. "Stand up, Sit down, Come here" 등을 영어로 말하고 동작과 연결시켜 본다.

초보 단계에서는 사실(fact) 정보를 확인하는 과정을 통하여 말하기 연습을 반복하는 것도 좋다. 예를 들어, 엄마가 과자를 가리키면서 "Is this a cookie?(이것이 과자니?)"라고 물으면, 아이는 "Cookie.(과자예요)" 혹은 "Yes.(예)" 혹은 "Yes, cookie.(예, 과자예요)"라고 대답할 수 있게 유도한다. 그 다음에 실생활에 필요한 새로운 정보를 구하는 실제 대화(real talk)를 통하여 말하는 연습을 한다. 영어를 공부하면서 아이들은 있는 사실을 말하기 연습부터 시작해서, 자신의 의견(opinion)을 말하는 연습으로 옮겨가도록 한다. 예를 들어, "Is this a cup?-Yes, it is." "How is the weather?-It's cold." 같은 표현으로 발전시킨다.

보고 읽고 쓰기(Look, Read & Write): 듣고 말하기를 연습한 후에는 주어진 읽기 자료를 보고 음률에 맞추어 읽기 연습을 한다. 읽기 자료의 부분 부분을 파닉스(phonics)를 활용하여 읽기 연습을 한다. 마지막으로 엄마는 재미있는 동화를 많이 읽어주어 아이들이 동화를 좋아하도록 유도한다. 엄마와 아이가 함께 동화를 읽고 난 후에는 읽은 내용을 그림으로 그리기, 책으로 만들어 표현하기, 책 내용을 모방하여 쓰기, 마음에 드는 부분을 인용하여 독서 그림 일기나 독후감을 쓰게 한다.

제 3단계 의사소통 (Communication) 영어의 세계를 여행하라

짝 활동하기(Pair Activity): 엄마와 아이가 짝이 되어 함께 말해 본다. 역할을 바꾸어서 대화 연습을 하다보면 아이가 더욱 신나게 연습할 수 있을 것이다. 아이가 지루해하지 않으면 연습을 더 한다. 읽은 내용이나 배운 내용을 기초로, 묻고 대답하는 연습을 많이 해보도록 한다.

역할 놀이 활동(Role Play): 간단한 역할 놀이를 통하여 그동안 배운 영어를 활용하도록 한다.

챈트 부르기 활동(Let's Chant): 엄마와 함께 재미있는 챈트를 율동에 맞추어 불러 보면 흥이 나고 영어에 재미가 생긴다.

노래 부르기 활동(Let's Sing): 비디오, 오디오나 인터넷 자료를 이용하여 배운 내용에 관계된 가사를 신나게 노래로 불러 보면 저절로 영어를 익히게 된다.

이처럼 엄마와 함께 3단계로 나누어 체계적으로 연습하다 보면 아이들은 영어에 흥미를 느끼게 될 것이다. 반복하여 연습하는 것이 무엇보다도 중요하다. 그 중에서도 듣기를 많이 하는 것이 가장 중요하다. 많이 듣다 보면 귀가 트이고, 귀가 트이면 말을 할 수 있게 된다. 듣기는 영어 공부를 활성화시켜 주는 좋은 윤활유이다. 쉬운 것을 반복하여 듣다 보면 영어 발음도 원어민과 같은 수준이 될 수 있다.

● 우리 아이 영어 영재 만들기 프로젝트 ●

우리 아이에게 영어를 어떻게 가르칠 것인가

소리 듣기로
영어 영재 만들기

- 듣기는 하늘이 내려주신 최고의 선물이다
- 반복 듣기 훈련이 중요하다
- 단계적으로 듣는 훈련을 하라
- 아이들이 좋아하는 전신반응법(TPR) 활용하기
- 의사소통을 위한 파닉스 활용
- 소리 듣기 이렇게 시작해 보세요

듣기는 하늘이 내려주신 최고의 선물이다

인간이 소리를 들을 수 있다는 것은 천혜의 선물이다. 듣기(hearing)는 누구나 할 수 있는 언어 습득 과정 중 하나이며 외국어 습득의 기초 활동이다. 특히 유아기에는 모국어 음과 외국어 음을 흡수하는 속도가 신기할 정도로 빠르고 정확하다. 어떤 음이든지 들으면 그 음가를 비교적 정확하게 알아듣는다. 주어진 외국어의 소리를 듣고 의미 있는 소리인지 아닌지를 판단하는 활동을 청각 청해(listening comprehension)과정이라고 한다. 일반적으로 영어권 사람들의 1분당 단어 발화 수와 쉽게 청취할 수 있는 수준은 135단어이다.

수준	한국 어린이 1분당 단어 이해 목표	원어민 1분당 단어 이해 수	비고 (http://www.ctw.org)
초급	40	135	어린이 동화 초보 듣기와 성인의 독서 듣기 속도
보통	50 ~ 60	175	평상시 발화 및 청취 이해 속도 (수능 듣기 목표 속도, 135WPM)
우수	70 ~ 100	220	어린이 방송 및 CNN 등 영어권 방송 속도
응용	135 이상	250	의사 소통 능력 고급 수준

▶ 듣기 이해도 (1분당 단어 발화 및 이해 수, Word Per Minute = WPM)

아이들이 듣기를 잘 할 수 있게 하기 위해서는 1분에 135단어를 듣고 이해할 수 있어야 한다. 실제 아이들은 초급 수준에는 1분에 40단어, 보통 수준은 50~60단어 정도, 우수한 아이인 경우에는 70~100단어를 이해한다. 궁극적으로 아이들의 듣기 수준을 어른이 1분에 대화하는 135~175단어를 이해할 수 있는 수준까지 강화시켜 주어야 한다.

초기 단계에서는 놀이를 통하여 듣기 훈련을 하도록 한다. 예를 들어, 아주 어린아이에게는 까꿍 놀이(Peek-a-boo)를 엄마와 아이가 서로 마주보며 한다. 엄마가 눈을 가리고 "Peeks(살짝 가림)"라고 말하면서 갑자기 얼굴을 내밀고, "Boo!(까꿍!)"라고 말하면 아이는 재미있어 한다. 이런 놀이를 응용하여, 엄마는 "Where is Mom?"이라고 묻고, 아이가 "Here"라고 대답하게 한다. 이때 엄마는 "Here I am"이라고 말한 후 "Boo!"라고 말하면서 재미있게 큰 소리를 낸다. 이것이 익숙해지면, "Boo, surprise!"라고 말하거나 선글라스를 쓰고 있다가 엄마가 "Peek-a-boo!"라고 말하면 아이는 더욱 재미있어 한다.

또한, 이 단계에서는 엄마와 아이가 듣고 행동하는 **전신반응법(Total Physical Response, TPR)**을 활용하여 단어를 확장하도록 한다. 예를 들어, 엄마와 아이가 반대말 놀이를 하면 좋다. 엄마가 "happy"라고 말하면서 밝은 웃음을 보이면, 아이는 "sad"라고 말하고 우는 모습을 보인다. 엄마가 "stand up"이라고 말하면서 일어나면, 아이는 "sit down"이라고 말하면서 앉는다. 엄마가 "big"이라고 말하면

> **전신반응법(TPR)**
> 애셔(Asher, 1965)라는 캘리포니아 주립대 교수가 주장한 것으로 육체적 활동과 언어를 연관시키는 교수법이다.

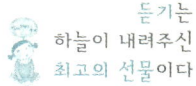

서 큰 것을 가리키면, 아이는 "small"이라고 말하면서 작은 것을 가리킨다. 엄마가 "open"이라고 말하고 문을 열면, 아이는 "close"라고 말하고 문을 닫는다. 엄마가 "wet"이라고 말하고 젖은 타월을 가지고 오면, 아이는 "dry"라고 말하면서 마른 수건을 가지고 온다.

듣기 능력 성취는 따라서 말하는 훈련이 중요하다. 듣기 활동은 다음과 같이 4단계로 나누어 연습하면 효과적이다.

단계	활동명	활동 내역	효과
1	내용 파악	비디오, CD, 인터넷 사이트를 보고 듣기	청각 감지
2	확인	오디오 또는 인터넷 사이트를 듣고 따라하기	청취 후 발음 교정
3	연습	엄마와 함께 반복해서 듣고 따라하기	발화 활동 향상
4	활용	듣고 행동하기와 말하기(TPR)	의사소통 능력 향상

▶ 듣기 활동의 4단계

첫째 단계는 주로 비디오나 오디오 등을 활용해서 내용을 파악하게 하는 것으로 인터넷 사이트를 활용하여 청각 감지 훈련을 할 수도 있다. 둘째 단계는 첫 단계에서 들은 내용이나 발음을 확인하는 과정으로, 이런 과정을 통하여 정확한 발음을 듣고 이해하는 훈련을 한다. 셋째 단계는 연습하는 과정으로, 엄마와 함께 반복하여 듣고 따라해 본다. 넷째 단계는 듣고 행동하면서 말하는 활용의 단계이다. 이런 절차는 전신반응법을 활용하여 훈련할 수 있다.

아이들에게는 모국어든 외국어든 듣기 활동이 절대적이다. 언어 습득에 필요한 듣기 활동 시간은 2~3천 시간 정도의 절대량이 요구된다. 아이가 외국어를 하루 2시간씩 3년간 듣는다면 2,190시간, 3시간씩 듣는다면 3,285시간이 된다. 그러나 우리나라 초등영어는 192시간, 중학교에서 288시간, 전부 합해 보아야 544시간이 고작이다. 고등학교 2년 동안 3시간씩 듣는다면 192시간이 되어 총 928시간 정도가 된다. 이러한 청취 시간은 절대 입력 시간에 훨씬 못 미치는 양이다. 그래서 이런 학교 교육 이외에 듣기 활동을 아이에게 얼마나 많이 시켜 주느냐에 따라서 우리 아이들의 조기영어교육의 성패가 달려 있다고 해도 과언이 아니다.

반복 듣기 훈련이 중요하다

　　반복적인 듣기는 외국어 학습의 가장 중요한 입력 요소이다. 반복적이고 주기적인 외국어 입력이나 노출 없이 외국어 습득은 불가능하다. 그래서 아이는 반복적인 듣기를 해야 말하기를 잘 할 수 있고, 반복적인 듣기 말하기가 형성되면 반복적인 읽기와 쓰기도 잘 할 수 있다. 그런 과정을 통해 아이의 학습 습관이 형성된다. 그런데 어떻게 해야 지루하지 않게, 아이들이 영어에 흥미를 잃지 않으면서 반복적이고 효과적인 듣기 훈련을 시킬 수 있을까?

　　가장 쉬운 방법은 멀티미디어 기자재를 활용해서 듣기 훈련을 반복하는 것이다. 이론적으로는 녹음기 사용보다는 비디오 사용이, 비디오 혹은 멀티미디어 사용보다는 실제 외국인과의 의사소통 활동이 더욱 효과적이다. 그러나 녹음기가 다른 학습 도구보다 꼭 비효과적인 것만은 아니다. 만약에 아이에게 집중된 듣기 훈련을 시키고자 할 때, 오디오는 비디오보다 아이가 소리에 귀를 집중하도록 유도할 수 있어 듣기의 효과를 배가시킬 수 있다. 화면을 보면서 듣기 훈련을 시키면 듣기에 필요한 집중력이 산만하게 분산될 수도 있기 때문이다. 따라서 오디오 테이프가 지닌 학습 도구의 장점을 최대한으로 활용하여 훈련시키는 것이 중요하다.

단계	활동과 절차	비고
1	엄마는 아이와 함께 영어 자료(책/비디오/오디오/인터넷/CD-ROM)를 보고 듣는다.	도입
2	처음에는 엄마와 함께 듣고 따라서 말한다.	전개
3	엄마와 아이는 흥미있게 반복 연습한다. (관심 보이기, 먹을 것 주기, 보상하기)	연습
4	엄마와 아이는 교대로 따라서 연습한다.	연습
5	아이가 따라하는 것을 녹음한다.	활동
6	엄마는 따라서 한 내용을 아이에게 묻고 아이는 대답한다.	활동
7	엄마와 아이는 그 내용을 가지고 서로 대화를 해 본다.	응용

▶ 효과적인 듣기 반복 학습의 절차

이미 언론(조선일보, 2000년)에 알려진 바와 같이 12살 된 윤현수군은 녹음기를 활용해서 듣기만을 반복하여 연습한 결과 영어 뉴스 프로그램까지 들을 수 있는 놀라운 효과를 본 대표적인 사례이다. 그리고 이윤민군의 『우리 아이 영어 아홉 살에 끝냈어요(사회평론사, 2001)』에서도 듣기는 무엇보다도 중요한 요소라고 엄마이자 저자인 곽유경씨도 강조하고 있다. 강조하건대, 반복적인 청각 청해 훈련만큼 큰 효과를 제공하는 외국어 학습 방법은 없다.

한 연구 결과에 의하면, 초등학교 3학년 영어 수업 시간에 반복하여 듣기를 훈련시키는 실험을 했는데, A반은 10번씩, B반은 5번씩, C반은 1번씩 8주 동안 들려주고 측정한 결과, A집단은 90%의 청취력, B집단은 60%의 청취력, C집단은 40%의 청취력이라는 실험 결과를 얻을 수 있었다. 영어를 시작하는 단계의 어린아이들에게 듣기가 얼마나 큰 영향을 주는가를 암시하는 연구 결과이다.

윤현수군의 영어 듣기 실력
한국조기영어교육 학회는 2000년 8월 20일 세미나에서 윤현수 군의 영어 듣기 실력을 확인한 바 있다.

단계적으로 듣는 훈련을 하라

부모님들은 아이의 듣기 자료를 선택할 때, 글씨보다도 그림 위주의 자료를 선택하는 것이 좋다. 어린아이는 그림을 보면서 많은 영어를 잘 이해할 수 있고, 들은 내용을 확인하는 작업을 하고, 그림을 순서대로 나열하는 과정을 좋아한다. 즉 어린아이에게 간단한 그림을 보게 한 뒤 영어를 듣는 훈련을 시키고, 들은 내용을 골라내게 하며, 골라낸 것을 나열하여 내용의 의미를 파악하게 한다. 아이가 구체적으로 할 수 있는 단계적 듣기 훈련 활동은 다음과 같다.

항목	듣고 표현하기 활동	학습 효과
1	단어 구분하기	발음 구분 능력
2	문장 가려내기	의미 구분 능력
3	듣고 그리기	전달 내용 구분 능력
4	듣고 표현하기	의사소통 능력

▶ 단계적 듣기 활동

첫째, 영어를 듣고 단어를 가려내는 활동이다. 아이에게 그림을 보여주면서 단어를 들려준다. 아이는 들은 단어와 일치하는 그림을 골라낸다. 또는 아이에게 그림을 보면서 단어를 말하게 한다. 어린 아이에게는 무척 흥미 있는 영어 듣기 활동이 될 것이다. 둘째, 아이가 그림 단어 카드에 익숙해지면 영어를 듣고 문장을 고르는 활동을 한다. 아이는 엄마가 말하는 내용과 일치하는 문장의 그림을 골라낸다. 또는 아이가 그림을 보고서 알맞은 문장을 말한다. 아이의 영어 수준이 향상되었을 때 이 방법을 활용하면 좋다. 셋째, 아이가 어느 정도 영어 듣기가 향상되었다고 생각되면 아이에게 이야기를 들려주고 이해한 내용을 그림으로 담아 보게 한다. 아이는 엄마의 이야기를 잘 듣고 그 내용을 그림으로 그린다. 넷째, 아이는 엄마와 함께 들은 내용을 자신의 말이나 글로 재현하는 과정을 통하여 영어 능력이 향상된다.

이렇게 다양하고 효과적인 듣기 단계는 아이에게 풍부한 노출의 기회를 줄 뿐만 아니라, 듣기 노출 그 자체가 소리를 언어로 풀어서 이해하게 하므로 아이 두뇌의 사고력 향상에 큰 도움이 될 수 있다. 또한 오직 유아기에 영어를 공부한 아이들만이 원어민과 같은 수준의 발음을 구사할 수 있다는 연구 결과는 이런 조기 청각 청해 훈련의 효과가 얼마나 중요한지를 알려 준다.

듣기(Hearing)는 아이가 언어를 터득하는 초기의 청각 과정이다. 듣기는 누구나 할 수 있다. 듣고 이해했느냐 이해하지 못했느냐는 다음 단계의 문제이고 중요한 것은 누구나 소리를 들을 수 있다는 것이다. 특히 어린 시절에는 음에 대한 청취 능력이 뛰어나 음을 식별하거나 이해하는 속도가 빠르다.

듣기 과정이 형성되면 그 다음에 이해(Understanding) 과정이 형성된다. 주어진 외국어의 소리를 듣고 의미 있는 소리인지 무의미한 소리인지 판단하는 단계를 가리킨다. 마지막 단계에 청각 청해(Listening Comprehension)단계가 형성된다. 이 단계에서는 청취한 내용에 대해 전문적인 지식이 요구되는 과정이다. 일반적으로 아이는 이런 세 단계를 거쳐 언어의 소리를 듣고 이해한다. 그래서 어린아이가 처음부터 많은 외국어를 한 번에 전문적인 지식을 얻어 청각 청해한다는 것은 부모의 욕심일 수 있다. 단계적으로 시간을 가지고 훈련하는 것이 중요하다.

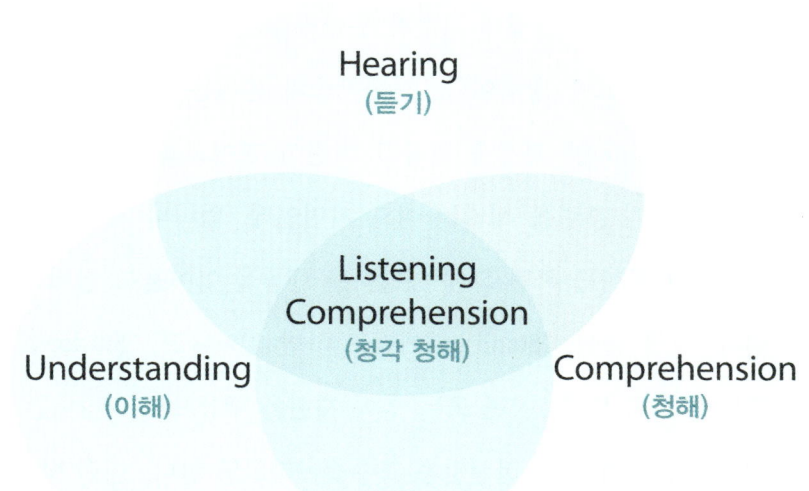

▶ 청각 청해도 (듣기 → 이해 → 청해 → 청각 청해)

아이들이 좋아하는 전신반응법(TPR) 활용하기

전신반응법(Total Physical Response, TPR)이란 애셔(Asher, 1977)라는 캘리포니아 주립대 교수가 우리의 몸을 활용하여 영어를 체험하자는 내용의 교수 방법이다. 전신반응의 원리는 "듣고 반응하기(Listening and doing)" 과정을 활용한 어린이 영어교육 활동이다. 이 방법은 특히 듣기 훈련을 시키는 지도 기법인데, 엄마나 혹은 화자가 발음을 하거나 발화를 하면 그에 해당하는 행동을 아이들이 실제로 하는 것이다. 예를 들어, "Stand up"이라고 하면 일어나고, "Sit down"이라고 하면 앉으면 된다. 이런 모든 영어 재현을 행동으로 나타내는 활동을 전신반응 기법 또는 전신반응 교수법이라고도 한다. 이런 방법은 특히 어린아이들에게 흥미를 유발시키는 효과적인 학습법이다.

이 방법을 활용하여 영어를 가르칠 때, 엄마는 꼭 영어로 말해야 한다. 영어를 영어로 가르치는 활동을 통해서 영어 지도 효과를 극

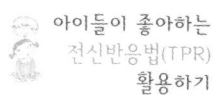

대화할 수 있다. 예를 들어, 처음 영어를 배우는 아이들에게 다음 동사를 활용하여 행동한다.

Listen and Do

- Stand up! Sit down! Come here.
- Look for (a towel, a comb, the soap, ...)
- Hold (the book, the cup, the soap, ...)
- Comb (your hair, ...)
- Brush (your teeth, your pants, the table, ...)
- Wash (your hands, your face, your feet, ...)

엄마가 간단한 영어 문장을 들려주면 아이는 그 문장을 행동으로 표현하기를 좋아한다. 이런 상호작용을 통하여 엄마와 아이는 정서적인 일체감을 가지게 된다. 또한 간단한 놀이 형태를 취하기 때문에 효과적인 영어 지도가 가능하다. 이런 단순한 과정의 궁극적인 목적은 듣기 훈련을 시키는 데 있지만, 아이가 그 듣기를 행동으로 반응하고 그 후에 다시 엄마에게 영어로 말을 하여 듣기 뿐만 아니라 말하기 능력도 동시에 향상시킬 수 있다.

또한 애셔는 아이들이 어느 정도 전신반응 기법에 익숙해지면 좀 더 심도있게 다음과 같은 주제로 엄마와 아이가 심화 학습 활동을 할 수 있다고 추천하고 있다.

 심화 학습 활동의 주제

주제 1 직사각형(Rectangle)

Draw a rectangle on the chalkboard.
Pick up a rectangle from the table and give it to me.
Put the rectangle next to the square.

주제 2 삼각형(Triangle)

Pick up the triangle from the table and give it to me.
Catch the triangle and put it next to the rectangle.
Pick up the triangle and the square and put them on Jeff's head.

주제 3 재빨리(Quickly)

Walk quickly to the door and hit it.
Quickly, run to the table and touch the square.
Sit down quickly and laugh.

주제 4 천천히(Slowly)

Walk slowly to the window and jump.
Slowly stand up; slowly walk to me and hit me on the arm.

주제 5 치약(Toothpaste)

Look for the toothpaste.
Throw the toothpaste to Wing.
Wing, unscrew the top of the toothpaste.

주제 6 칫솔(Toothbrush)

Take out your toothbrush.
Brush your teeth.
Put your toothbrush in your book.

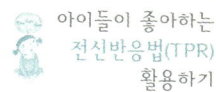
아이들이 좋아하는
전신반응법(TPR)
활용하기

주제 7 이(Teeth)

Touch your teeth.
Show your teeth to Peter.
Peter, point to Maria's teeth.

주제 8 비누(Soap)

Look for the soap.
Give the soap to Jane.
Jane, put the soap in Peter's ear.

주제 9 수건(Towel)

Put the towel on Juan's arm.
Juan, put the towel on your head and laugh.
Maria, wipe your hands on the towel.

> 옆의 심화학습 활동 주제는 **애셔(Asher, 1977)**가 『Learning Another Language Through Actions』라는 책에서 소개한 것이다.

　이상과 같이 엄마는 9가지의 다양한 주제를 가지고 전신반응 학습 활동을 통하여 아이에게 자연스럽게 영어를 지도할 수 있다. 애셔는 신체적인 활동을 통하여 외국어를 가르치고자 최초로 권장한 학자이고, 많은 어린이 영어전문가들도 이 방법을 추천하고 있다. 따라서 그의 방법은 어린이의 영어교육에 효과적이고 역동적인 학습 활동으로 널리 활용되고 있다. 현재 교육부가 초등학교 영어 교육에서 제일 권장하는 학습 활동도 역시 전신반응 학습법이다. 이 학습 활동은 지금까지 많은 실험 연구를 통하여 그 효과가 검증되었기 때문에 아이의 영어 지도에 꼭 활용해 보도록 하자.

의사소통을 위한 파닉스 활용

아이는 응애!하고 태어나면서부터 자신의 소리를 듣고, 타인의 소리도 듣게 된다. 아이는 우선 각 소리가 인간의 소리인지 아닌지를 구분하고, 인간의 소리가 의미 있는 소리인지 아닌지도 구분하게 된다. 머피(Murphy, 1962)의 실험 연구에 의하면, 유아는 태어난 후, 24시간만 지나면 외부의 소리에 민감하게 반응하고 인간의 소리를 소음으로부터 구분하여 반응할 수 있다고 보고하고 있다.

아이들은 소리를 듣고 그것을 결합하여 단어를 형성한다. 그리고 그 단어를 이용하여 원하는 문장을 만든다. 한편, 말과 함께 따라 나오는 꾸르륵 소리, 우는 소리, 웃는 소리, 숨을 헐떡거리는 소리, 한숨 쉬는 소리 등은 말소리는 아니지만 말과 함께 감정을 표출하는 중요한 소리라는 것을 알아차린다. 이런 소리에 대한 감각이 형성되면 아이는 개별 음을 하나씩 식별하여 터득하는데 이런 개별 음의 터득이 곧 언어 습득의 지름길이 된다.

소리 듣기란 음성 언어를 이루는 말소리를 지각하는 초보적인 활동이다. 이런 말소리 지각을 위한 초보적인 활동이 모여 단어 습득

이 되고, 그 단어가 모여 문장이 형성되고, 그 문장이 모여 대화를 이루게 된다. 모든 언어는 이런 각각의 개별 음이 모여서 하나의 의미를 형성한다. 따라서 어린아이는 서로 다른 최소 대립쌍(Minimal Pair)의 소리를 듣고 구분하는 훈련을 하는 것이 효과적이다. 각 음이 거의 같은 소리의 단어이지만, 한 음이 다르게 된 단어를 구분하는 듣기 훈련을 하면 귀가 뚫리게 될 것이다.

> **최소 대립쌍(Minimal Pair)**
> 두 단어의 발음이 한 음만 서로 다르게 소리 나는 현상
> 예) pig와 big의 두 단어는 /p/와 /b/ 소리만 다르고 -ig는 같다. 이런 단어를 최소 대립쌍이라고 한다.

이렇게 음과 음 사이의 식별은 반복적인 듣기 훈련을 통하여 가능해진다. 우리 주위에서 잘 활용되는 단어 속에 담긴 음을 청각 감지할 수 있게 하는 것이 효과적이다. 특히 파닉스 훈련 시에는 정확한 발음 그 자체가 궁극적인 목표가 되어서는 안되고, 의사소통을 위한 도구로 훈련되어야 한다.

최소 대립쌍 발음	연습 1	연습 2	연습 3
[f, p]	fan, pan	fan, fan	pan, pan
[θ, s]	thing, sink	thing, thing	sink, sink
[θ, t]	thanks, tanks	thanks, thanks	tanks, tanks

▶ 최소 대립쌍 발음 연습의 예

엄마는 아이에게 두 음을 번갈아 들려주고 구별하게 한다. 첫 번째로 만약 엄마가 fan의 /f/를 발음하면 아이는 한 손가락을 입에 대어 엄마에게 신호를 하고, 엄마가 pan의 /p/를 발음하면 아이는 두 개의 손가락을 입에 대어 신호를 보낸다. 두 번째로 엄마가 fan/fan하고 발음하면 아이는 팔로 동그라미를 표시하고, fan/pan하고 발음하면 아이는 팔로 가위표를 한다. 세 번째로 대응되는 문장을 만들어 식별시키면 더욱 효과적이다. 예를 들어 "How are you?"를 들려준 다음에 "Fine, thanks"와 "Pine, tanks"중에서 선택하게 한다. 선택할 때에는 동작과 함께 대답하게 한다.

최소 대립쌍(Minimal Pair) 훈련

📖 발음 훈련을 할 때, 한 철자만 다르면 다른 뜻이 되는 경우를 골라서 발음과 철자 연습을 하는 과정을 말한다. 예를 들어, he-we, lot-got, pen-ten, stew-new, looks-books 등의 한 발음이나 철자를 통하여 서로 다른 의미를 표현하는 영어 연습을 하는 것이다.

- Take *H* from *He* and put in *W*. *We*
- Take *l* from *lot* and put in *g*. *got*
- Take *p* from *pen* and put in *t*. *ten*
- Take *st* from *stew* and put in *n*. *new*
- Take *l* from *looks* and put in *b*. *books*

Secret message *We got ten new books.*

영어동화 전문가 금소영의
**알찬 조기영어교육
노하우**

소리 듣기 이렇게 시작해 보세요

영어에 있어서 소리 듣기는 음운 인식의 다른 표현이다. 음운 인식(Phonological Awareness)이란 영어 단어 소리를 몇 가지 작은 소리로 구분할 수 있는 능력을 말한다. 이러한 능력들이 차후에 읽기와 쓰기 능력을 기르는 데 도움을 준다. 따라서 청력이 민감한 시기에 음운 인식을 중심으로 한 소리 듣기 훈련을 하는 것이 좋다.

음운 인식 중 아이들이 첫 번째로 해야 하는 것이 라임(rhyme), 즉 운율을 인식하는 것이다. 영어를 잘 들어 보면 같은 음으로 끝나는 단어들이 있다는 것을 알 수 있다. 더불어 같은 음으로 시작하는 단어가 있다는 것도 알 수 있다. 처음 이 두 가지 소리에 대한 인지만 하여도 영어 소리에 대한 관심이 증폭될 수 있으며, 아이들이 노래를 듣거나 스토리 등을 들을 때에도 같은 음을 찾으려고 듣기에 집중하는 모습

> **음운 인식**
> **(Phonological Awareness)**
> 파닉스의 기초가 되는 훈련으로, 영어의 유의미한 소리를 듣고 구별할 줄 알고, 단어 속에서 그 소리들을 나눌 줄 알고, 그 소리들을 조작할 줄 아는 것을 말한다. 이것은 아이들에게 소리와 문자간의 상관 관계를 잘 파악하여 글을 쉽게 읽고 쓸 수 있게 해준다.

소리 듣기로 영어 영재 만들기

두음(alliteration)
같은 음으로 시작하는 단어
Ex) She - Shell

을 보인다. 두음(alliteration)과 운율을 즐기기 위해선 아이들에게 영어 동요나 간단한 영시 및 예측 가능한 스토리북 등을 읽어 주면서 영어의 소리에 관심을 기울일 수 있도록 해 주어야 한다.

🐸 운율(Rhyme)을 느껴보자

간단한 영어 동요를 예로 들어 보자.

Rain, Rain Go Away
비가 그치기를 바라는 마음이 운율(away, day, play)과 함께 잘 표현되어 있다.

▶ ABC보다 먼저 배우는 영어 동요 (p.52~53)

위의 노래를 천천히 불러 보면 다음의 운율을 발견할 수 있다. away, day, play 등의 단어가 -ay로 끝나는 공통점을 발견할 수 있다. 따라서 노래를 천천히 부르면서 같은 음을 느끼게 해 주고, 두 번째는 어떤 소리가 공통으로 들어있는지 손뼉을 쳐서 나타내주고, 마지막으로 운율에 리듬을 실어 아이들과 같이 불러 보면 영어의 운율과 리듬 속으로 빠질 수 있는 환경을 만들 수 있다.

두음(Alliteration)을 연습하자

다음은 두음을 인식할 수 있도록 해 주는 라임을 예로 들어보자.

▶ ABC보다 먼저 배우는 영어 동요 (p.40~41)

Peter Piper
/p/로 시작하는 다양한 단어의 발음을 통해 tongue twister(발음하기 어려운 말)를 연습할 수 있다.

처음엔 이 시를 천천히 읽어서 /p/ 소리를 아이들이 잘 들을 수 있도록 한다. 두 번째는 조금 빨리 읽어서 리듬을 느끼게 해 준다. 세 번째는 같이 읽어 보고 마지막엔 /p/ 소리가 들리는 부분에 아이들로 하여금 손뼉을 쳐서 같은 음으로 시작된다는 것을 인지하도록 한다.

소리 음절(Syllables)을 끊어서 읽어보자

한 단어를 읽을 때 몇 번 끊어서 소리 내어야 하고 어느 부분을

소리 듣기로 영어 영재 만들기 **79**

강조해서 소리 내어야 하는가를 연습해 본다. 즉 음절에 대한 감각을 기르는 것이 필요하다.

EX1

- Dog (그림을 보여 준다)   How can I sound out a dog?

  dog 한 번에 소리를 내 준다.

- Monkey (그림을 보여 준다)   How can I sound out the monkey?

  mon-key 두 번에 나누어 소리를 내 준다.

- Banana(그림을 보여 준다)   How can I sound out the banana?

  ba-na-na 세 번에 나누어 소리를 내 준다.

EX2

- 여러 그림 카드를 제시하고 몇 번에 걸쳐 소리가 나는지를 구분하여 각각 모아 보도록 한다.
- pig, cat, apple, candy, lion, gorilla, giraffe 등의 그림 카드를 준비한다.
- 한 번에 소리 나는 것(pig, cat), 두 번에 소리 나는 것(a-pple, can-dy, li-on), 세 번에 소리 나는 것(go-ril-la, gi-ra-ffe)을 구분하게 한다.

다음 챈트로 아이들로 하여금 좀 더 확실하게 음의 분리를 인식할 수 있도록 해 준다.

▶ ABC보다 먼저 배우는 영어 동요 (p.28 ~ 29)

Chocolate Rhymes
3음절 라임으로 된 단어 cho-co-late을 이용하여 연습할 수 있다.

위의 챈트에 임의대로 단어를 넣어서 만들 수 있다.
예를 들어, Chocolate 대신에 Apple 이라는 단어를 넣어 보면,

One, two ap
One two ple
One, two apple
Crunch munch, crunch, munch an apple!

처음에 챈트를 천천히 읽어서 확실하게 구별하게 해 주고 손뼉을 쳐서 끊어 읽는 곳을 쉽고 명확하게 인지하도록 해 준 후, 그 다음엔 아이들

과 함께 챈트를 읽어 본다. 마지막으로 아이들이 이 챈트를 읽으면 손뼉을 쳐서 소리의 끊어짐을 명확히 들을 수 있도록 해 준다. 소리 듣기는 운율과 두음을 즐기고 소리가 음절에 따라 부분으로 나눠질 수 있다고 아이들이 인지하면 된다. 이렇듯 너서리 라임과 챈트를 활용하여 음소를 가르치면 아이들이 음소 인식을 쉽게, 그리고 오랫동안 기억할 수 있다.

음소(phoneme)는 우리가 소리내어 말하는 의미를 지닌 음의 최소 단위를 말한다.

영어 동요, 운율로 느껴보세요!

To market to market
시장에 가서 본 것들과 시장에서 무엇을 샀는지 이야기해 보면서 pig-jig, hog-jog와 같이 라임을 이루는 단어들을 중점적으로 살펴 본다.

▶ ABC보다 먼저 배우는 영어 동요 (p.26~27)

Twinkle twinkle little star
작은 별에 대해 묘사해 보면서 star-are, high-sky 등의 운율에 집중해 본다.

▶ ABC보다 먼저 배우는 영어 동요 (p.60~61)

너서리 라임과 챈트로 영어 영재 만들기

- 너서리 라임이 뭐예요?
- 왜 너서리 라임이 효과적인가?
- 너서리 라임 이렇게 활용하라
- 아이들이 신나하는 액티비티 활용법
- 마더 구스 자세히 들여다 보기

너서리 라임이 뭐예요?

옛날에 할머니가 아기를 재울 때 불러주었던 자장가, 줄넘기 하며 부르는 동시, 손뼉 치며 놀던 동요, 수수께끼식 대화, 율동에 맞추어 부르는 노래들을 가리켜 너서리 라임(Nursery Rhyme)이라고 한다. 원래 라임이라는 의미는 유사한 자음과 모음의 반복적 소리, 의성어, 후렴이 많은 유아 노래에서 유래했다. 그 너서리 라임을 활용하여 아이들에게 영어를 효과적으로 지도해 보자.

왜 너서리 라임을 활용해야 할까? 영어권 아이들도 우리나라의 아이들처럼 옛날부터 전해 내려오는 노래를 부르면서 놀이를 하며 성장한다. 오래 전부터 전해져 내려오는 너서리 라임을 아이와 함께 부르다 보면 아이들은 힘들이지 않고 자연스럽게 듣고 말하고 읽고 쓸 수 있는 기능이 골고루 발달된다. 특히 갓 태어난 아기에게는 이런 너서리 라임이 청취력 습득에 매우 효과적이다. 너서리 라임은 리듬과 가락이 어휘에 실려 쉽게 외워질 뿐만 아니라 실제 대화 연습에도 사용될 수 있기 때문에 효과적이다. 문화를 함축적으로 내포하고 있는 라임의 시적 언어는 풍부한 상상력을 가진 다양한 어법으로 되어 있어서 아이들의 지능 발달에 도움이 된다. 또한 너서리 라임을 통하여 영어 익히기에 도움이 되는 영미문화를 이해할 수 있다. 그래서 이런 너서리 라임을 영어 습득에 최대한 활용하자는 것이다.

자장가(Lullaby)를 활용하여 소리 듣기를 시작해 보자. 너서리 라임은 아이들에게 심리적 안정을 주는 운율로 되어 있어서 무의식적으로 그리고 자연스럽게 영어가 습득되는 이점이 있다. 영어권에서 불리는 "Hush my baby, go to sleep, close your eyes in slumber deep, still, still, still."이라는 자장가는 아이들에게 리듬과 각운을 반복하여

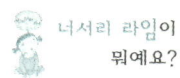

들려주어 영어의 운율을 아이들이 자연스럽게 느끼게 해준다. 토닥토닥 만져주는 스킨쉽으로 평안함을 제공하여 아이에게 사랑이 전달되도록 한다. 아이는 잠을 자면서 자연스럽게 영어 운율과 리듬을 흡수하게 된다.

 **너서리 라임과 마더 구스**

- **너서리 라임**(Nursery Rhyme)은 낱말의 강세와 리듬 패턴이 음악과 유사한 노래와 챈트로 된 자장가, 전래 동요, 전래 동시를 말한다. 너서리 라임은 리듬과 가락이 단순하고 운율이 율동적이어서 아이들에게 즐거움을 제공하는 이점이 있고, 정서적인 안정감을 주며, 특히 너서리 라임이 지니고 있는 즐거운 문학적 경험은 아이들로 하여금 더 수준 높은 문학의 세계로 인도하여 책을 읽고자 하는 의욕을 불러일으킨다. 훌륭한 교육자료인 너서리 라임은 노래와 챈트를 활용하여 지도하였을 때 최대의 효과를 누릴 수 있다.

- 또한, 너서리 라임은 **마더 구스**(Mother Goose)라고 불리기도 하는데 이는 1695년 찰스 페로(Charles Perrault)가 출간한 라임으로 된 동화책의 제목 『Tales of Mother Goose』로부터 유래하였다고 한다.

왜 너서리 라임이 효과적인가?

너서리 라임(Nursery Rhyme)은 우리의 전래 동요에 해당하는 것으로 동서양을 막론하고 유아들의 무의식적인 언어 습득에 깊은 관련이 있다. 우리의 조상들이 들려주던 노래는 자취가 많이 남아있지 않은 반면, 영미권의 자장가와 아기들을 위한 라임은 손동작과 함께 수백 년 동안 구전되어 내려오다 인쇄술의 발달 이후 본격적으로 문자화되어 아직까지 그 명맥을 유지하고 있다. 너서리 라임이 유아 언어 교육 자료에 미치는 효과는 다음과 같다.

항목	너서리 라임의 장점과 그 특성	영어 교육적 효과
1	단순 운율 반복으로 동기 유발	동기 유발과 호기심 부여
2	짧은 내용의 반복적 전달로 유창성 발달	언어의 유창성과 정확성 향상
3	어휘력을 증가시켜 주는 도구	어휘 능력 배가
4	운율을 통하여 다양한 소리와 음성을 발달시킴	음성 언어 발달과 대화 신장
5	상징적이고 비유적인 언어 발달의 지름길	언어 직관 향상

▶ 너서리 라임의 장점과 효과

왜 너서리 라임이 효과적인가?

첫째, 라임은 아기의 흥미를 자극하기 때문에 자연스럽게 체득할 수 있다. 또한 가장 기본적인 이야기의 구조를 아기에게 소개해 주기 때문에 더 이상 압축하기 어렵다. 따라서 이러한 라임은 집중력이 부족한 아기가 처음 접하는 시로 더없이 좋다. 둘째, 내용이 짧고 내용 전달이 확실하며 단순한 어구가 반복되기 때문에 아기들의 언어의 유창성 발달을 도울 수 있다. 셋째, 라임은 아기의 어휘력을 늘려주는 데 도움이 된다. 넷째, 라임은 운 또는 운율(rhyme), 유음(assonance), 두운(alliteration) 등 소리 효과(sound effects)를 고려하여 만들어진 것이다. 다섯째, 라임은 다른 문학 작품과 마찬가지로 일상생활에서 반복되는 비유적인 언어(figurative language)를 많이 사용한다.

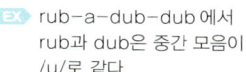

유음(assonance)
단어 중간의 같은 모음이 반복되는 유사 모음

EX rub-a-dub-dub 에서 rub과 dub은 중간 모음이 /u/로 같다.

단계	지도 활동	효과
1	너서리 라임 들려주고 듣기	청각 청취력 향상
2	율동에 맞춰 손동작과 몸동작 하기	율동과 몸동작 발달
3	너서리 라임을 노래로 부르기	발화력 발달

▶ 너서리 라임의 지도 절차

너서리 라임의 지도 절차는 3단계가 바람직하다. 첫째, 너서리 라임을 들려주기, 둘째, 율동에 맞춰 손동작과 몸동작을 하기, 셋째, 너서리 라임을 노래로 부르기의 과정이다. 아기들은 라임을 통하여 부지불식간에 언어를 습득하게 된다. 흥미 있고 자연스럽게 영어 문장의 기본 구조를 습득하며, 어휘력도 확장할 수 있다. 라임은 외국어와 모국어를 습득하는 시기의 아기들의 언어 발달 측면에 효과가 있다. 라임은 아기들이 이 세상에 태어나 처음 접하게 되는 시이자 문학으로, 아기들은 라임을 통해 모국어의 소리와 리듬을 깨닫게 되고, 성장하게 되면서 그 라임에 담긴 정서와 감정까지도 깨닫게 되는 것이다.

너서리 라임 이렇게 활용하라

너서리 라임은 그 역할과 기능에 따라 여러 종류로 분류되는데, 크게 놀이동요(game-rhymes)와 수수께끼(riddles), 자장가(lullabies)와 속담(proverbs)으로 나눌 수 있다. 엄마들은 그 가운데 무엇이든지 활용할 수 있고, 무엇으로든 큰 효과를 얻을 수 있다. 이제부터 몇 가지 예를 살펴보고 아기들에게 즐겁게 라임을 지도할 수 있는 방법에 대해 알아보도록 하자. 우선 라임을 활용하여 운율 및 강세 지도를 하면 효과적이다.

▎줄넘기 운율(Skip Rope Rhymes): 줄넘기 운율이란 영어의 운율에 맞추어 줄넘기 놀이를 하는 것을 가리킨다. 아이들은 줄넘기 리듬을 활용하여 영어 운율을 함께 부르면서 줄넘기를 한다. 놀이를 활용하여 자연스러운 반복 효과가 있으므로 신체 활동과 함께 이루어질 수 있다.

영어 동요	번역 가사
Teddy Bear, Teddy Bear, Turn around,	테디 베어, 테디 베어 돌아 보아라,
Teddy Bear, Teddy Bear, Touch the ground,	테디 베어, 테디 베어 땅을 짚어라,
Teddy Bear, Teddy Bear, Show your shoe,	테디 베어, 테디 베어 신발을 보여줘라,
Teddy Bear, Teddy Bear, That will do.	테디 베어, 테디 베어 참 잘하네.
Teddy Bear, Teddy Bear, Go upstairs,	테디 베어, 테디 베어 위로 올라가라,
Teddy Bear, Teddy Bear, Say your prayers,	테디 베어, 테디 베어 기도를 드려라,
Teddy Bear, Teddy Bear, Switch off,	테디 베어, 테디 베어 불을 꺼라,
Teddy Bear, Teddy Bear, Say good-night.	테디 베어, 테디 베어 잘 자라.

▶ 줄넘기 운율의 예

　　　　줄넘기를 할 때 아이들이 제일 좋아하는 것은 운율에 맞추어 껑충껑충 뛰는 것이다. 이런 리듬을 활용한 놀이를 통해서 아이는 자연스럽게 주요한 표현을 반복적으로 말해보는 기회를 갖게 된다. 영어권에서 제일 많이 불리는 놀이 동요는 "Teddy Bear"이다. "Teddy

Bear"는 두 줄씩 각운이 맞춰져 있어서 아이들이 줄넘기 하면서 즐겁게 새로운 표현을 익힐 수 있다. 이미 이 리듬을 알고 있는 아이들은 쉽게 동작을 하며 노래로도 부르거나 혹은 줄넘기 놀이를 엄마와 함께 실제로 해보면 더욱 재미있다. Teddy Bear 대신에 가족의 이름이나 친구의 이름을 넣어 줄넘기를 해도 좋다. 또한 손뼉을 치거나 공을 튀기면서 영어 노래를 부르면 아이들은 더욱 재미있어 한다.

■ 손뼉 치기 운율(Clapping Rhymes): 손뼉 치기 놀이를 하면서 영어를 말할 수 있는 리듬이다.

영어 동요	번역 가사
Head and shoulders, Baby, One, two, three.	머리와 어깨. 얘야. 하나. 둘. 셋.
Head and shoulders, Baby, One, two, three.	머리와 어깨. 얘야. 하나. 둘. 셋.
Head and shoulders, Baby, One, two, three.	머리와 어깨. 얘야. 하나. 둘. 셋.
Head and shoulders, Baby, One, two, three.	머리와 어깨. 얘야. 하나. 둘. 셋.

▶ 손뼉 치기 운율의 예

▌공 튀기기 운율(Ball Bouncing Rhymes): 공 놀이를 하면서 부를 수 있는 영어 리듬이다.

영어 동요	번역 가사
Number one, touch your tongue.	하나, 너의 혀를 만져라.
Number two, touch your shoe.	둘, 너의 신발을 만져라.
Number three, touch your knee.	셋, 너의 무릎을 만져라.
Number four, touch the floor.	넷, 바닥을 만져라.
Number five, learn to jive.	다섯, 춤을 배워라.
Number six, pick up sticks.	여섯, 지팡이를 들어라.
Number seven, go to heaven.	일곱, 하늘 높이 쭉 뻗어 올려라.
Number eight, over the gate.	여덟, 문지방을 넘어라.
Number nine, touch your spine.	아홉, 등뼈를 만져라.
Number ten, do it again.	열, 다시 해 보자.

▶ 공 튀기기 운율의 예

너서리 라임 자료집

단계	지도 자료 활용 http://mamalisa.com	대표적 라임 제목
초급	기초 12개 라임	❶ Hush, Little Baby ❷ Humpty Dumpty ❸ A Diller, A Dollar ❹ Bye, Baby Bunting ❺ Pussycat, Pussycat ❻ Little Boy Blue ❼ Peter, Peter, Pumpkin Eater ❽ Wee Wille Winkie ❾ One, Two, Three, Four, Five ❿ Two Cats of Kilkenny ⓫ See-saw Margery Daw ⓬ When I was a little boy
중급	중급 25개 라임	❶ Hickory, Dickory, Dock ❷ Diddle Diddle Dumpling ❸ Old King Cole ❹ A Dimple on your cheek ❺ A Frog He Would Awooing Go ❻ Sunday's Child is Full of Grace ❼ There Was a Crooked Man ❽ Vinegar, Veal and Vension ❾ What Are Little Girls Made of? ❿ Thirty Days Hath September
응용	다양한 라임 A~Z까지	❶ A was an Apple Pie ❷ Baa Baa Black Sheep ❸ Little Drops of Water ❹ Little Miss Muffet ❺ Little Bo-Peep ❻ The Flying Pig ❼ Fuzzy Wuzzy ❽ Mary, Mary, Quite, Contrary ❾ Young Lambs to Sell! ❿ Little Jack Horner ⓫ Mama's Gonna Buy You a Mockingbird

아이들이 신나하는 액티비티 활용법

아이들에게 영어를 가르칠 때는 학습자 중심의 의사소통 교수법을 활용해야 한다. 의사소통 기능을 향상시키는 다양한 놀이 학습 활동들을 제시하여 아이에게 적합하고 신체, 언어, 인지, 정서, 사회성 발달을 이룰 수 있는 학습 활동을 소개하고자 한다.

항목	학습 활동 기법	세부 활동	효과
1	챈트와 손유희를 활용한 학습 활동 기법	챈트와 율동	음성 언어 습득
2	노래를 활용한 학습 활동 기법	노래와 의사소통	리듬 영어 습득
3	짝 활동과 역할 놀이를 활용한 학습 활동 기법	연극 놀이	대화 연습
4	놀이를 활용한 학습 활동 기법	다양한 놀이 체험	대화 습득
5	게임을 활용한 학습 활동 기법	승부 놀이	언어 능력 향상

▶ 다양한 놀이 학습 활동

챈트와 손유희 활동 기법: 챈트와 손유희는 학습의 지루함을 없애고 내용을 강화하여 아이들의 학습에 도움을 줄 수 있다. 내용에 맞는 손동작이나 율동을 함께 병행하면 아이들은 흥미를 가지고 학습에 참여하며 지속적인 학습 동기를 가질 수 있다.

날씨에 대한 손유희의 예를 들어보자.

① How's the weather? (물음표를 크게 그리며)
It's sunny. (팔을 둥그렇게 하여 해가 뜨는 모습을 하며)

② How's the weather? (물음표를 크게 그리며)
It's sunny. (팔을 둥그렇게 하여 해가 뜨는 모습을 하며)

③ How's the weather? (물음표를 크게 그리며)
It's sunny. (팔을 둥그렇게 하여 해가 뜨는 모습을 하며)
It's sunny today. (팔을 둥그렇게 하여 해가 뜨는 모습을 하며 박수 2번)

④ How's the weather? (물음표를 크게 그리며)
It's rainy. (손가락으로 비가 오는 모양을 그리며)

⑤ How's the weather? (물음표를 크게 그리며)
It's rainy. (손가락으로 비가 오는 모양을 그리며)

⑥ How's the weather? (물음표를 크게 그리며)
It's rainy. (손가락으로 비가 오는 모양을 그리며)
It's rainy today. (손가락으로 비가 오는 모양을 그리며 박수 2번)

노래 활동 기법: 노래는 아이가 학습에 대한 부담을 느끼지 않고 즐겁게 참여할 수 있는 활동이다. 유아는 노래를 통하여 영어의 리듬과 발음, 문형을 자연스럽게 익힐 수 있기 때문에 학습에 대한 기억력과 집중력을 향상시킬 수 있다. 좋은 영어 노래의 선별 기준은 다음과 같다.

① 가르치고자 하는 내용이 분명하게 나타나 있는가?
② 곡 자체에 담겨있는 분위기와 선율이 아름다운가?
③ 노래에 멜로디, 단어, 리듬 패턴이 자주 반복되는가?
④ 노래 속에 포함된 단어가 이해하기 쉽고 기억하기 쉬운 것인가?
⑤ 가사는 짧고 단순한가?
⑥ 리듬이 정확하고 기억하기 쉬운가?
⑦ 재미있게 부를 수 있는 노래인가?
⑧ 노래의 템포와 분위기가 아이들에게 적당한가?

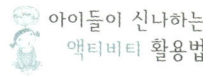

이러한 사항들을 고려하여 영어 노래를 선택한다면 영어 교육의 효과가 높아질 것이다.

- **짝 활동과 역할 놀이 활동 기법:** 짝 활동과 역할 놀이는 아이에게 실제적인 의사소통의 기회를 제공해 주고, 언어 연습 기회가 많아지기 때문에 아이들의 의사소통 능력을 기르는 데 좋은 교수 방법이다. 특히 역할 놀이는 모방을 좋아하는 아이들에게 역할에 대한 모방의 기회를 갖게 함으로써, 흥미와 즐거움을 느끼면서 적극적으로 학습에 참여하도록 유도할 수 있다. 역할 놀이를 통해 언어 기능에 대한 보다 구체적인 이해와 실제 언어 사용에 맞는 의미 있는 상황을 통해 언어를 자연스럽게 익힐 수 있는 좋은 기회가 된다.

- **놀이 활동 기법:** 아이들은 놀이를 통하여 신체적, 정의적, 사회적, 인지적 측면의 통합적인 발달을 이루어간다. 놀이를 활용한 교수법은 학습자의 참여를 극대화할 뿐만 아니라 놀이 과정에서 학습이 무의식적으로 일어난다. 또한 놀이는 유아 중심의 교수 기법으로 아이들에게 영어에 흥미를 느낄 수 있도록 하고 놀이를 통해서 자발적으로 말할 수 있는 기회를 주어 의사소통 능력을 향상시키는 것이다.

게임 활동 기법: 게임은 아이들에게 자연스럽게 학습에 대한 흥미를 유발시켜 학습 효과를 높일 수 있는 좋은 방법이다. 게임에 참여하는 아이들은 서로 정보를 교환하고 문제를 해결해야 하므로 상황에 맞는 적절한 언어를 사용하여 의사소통 능력을 증가시킬 수 있다. 게임을 할 때는 되도록 게임을 통해서 영어 사용의 기회를 많이 제공할 수 있도록 하면서도, 학습 내용과 목표에 적합한 게임을 선택해야 한다.

영어동화 전문가 금소영의
알찬 조기영어교육
노하우

마더 구스 자세히 들여다 보기

아이들의 영어 교육에 매우 가치 있는 교재로 너서리 라임, 곧 마더 구스를 선택할 수 있는 이유가 몇 가지 있다. 그 중에서도 아이들의 초기 문장 이해 능력 배양(Early Literacy)과 관계되는 몇 가지 이유를 소개하면 다음과 같다.

첫째, 마더 구스는 운율로 이루어져 있다.

▶ ABC보다 먼저 배우는 영어 동요 (p.30~31)

Little Miss Muffet
Miss Muffet이 맛있는 음식을 먹는데 거미가 나타났다는 내용으로 /m/ 소리에 친숙하게 해 주는 라임이다.

너서리 라임과 챈트로 영어 영재 만들기 **101**

운율로 이루어진 라임에 지속적으로 노출됨으로써 운율을 즐기고 영어의 소리에 익숙하게 된다. 또한 운율을 따라 리듬을 느낄 수 있어서 아이들이 쉽게 즐길 수 있다.

둘째, 마더 구스에 소리를 나타내는 단어들을 활용하여 배운다. 즉 의성어나 의태어 등이 많아 소리를 내어 읽다 보면 쉽고 재미있게 소리 언어를 즐길 수 있다. 그 소리를 통하여 또 다른 영어 소리에 익숙하게 된다.

> **The Wheels on the Bus**
> 버스 안에서 들리는 여러 가지 재미있는 소리를 들어볼 수 있는 라임이다.

▶ ABC보다 먼저 배우는 영어 동요 (p.8~9)

셋째, 마더 구스에 나타나는 많은 단어들은 시각적으로 쉽게 보일 수 있는 단어들이다. 따라서 그림으로 쉽게 표현되어 의미를 좀 더 쉽고 간단하게, 빨리 이해할 수 있다.

▶ ABC보다 먼저 배우는 영어 동요 (p.58~59)

I'm a Little Teapot
teapot의 모양을 설명하는 다양한 단어들을 들어볼 수 있는 라임이다.

넷째, 두음 뿐 아니라 중간음인 유음도 맞추어져 있어 **여러 가지 소리를 구별할 수 있게 된다**. 또한 첫소리, 중간소리, 끝소리에 대한 감각을 익힐 수 있도록 이루어져 있다.

▶ ABC보다 먼저 배우는 영어 동요 (p.42~43)

She Sells Seashells
/s/ 소리와 /sh/ 소리를 구분하면서 정확한 발음 연습을 할 수 있다.

너서리 라임과 챈트로 영어 영재 만들기 **103**

다섯째, 단어나 구문이 반복되어 쉽게 따라서 읽을 수 있으며 자연스럽게 끊어 읽기가 수월해진다.

Peas Porridge Hot
운율과 첫소리가 잘 어우러져 쉽게 부를 수 있으며, /p/ 소리에도 친숙하게 해 주는 라임이다.

▶ ABC보다 먼저 배우는 영어 동요 (p.32~33)

지금까지 마더 구스가 영어의 소리에 익숙해질 수 있도록 하는 핵심 도구라는 것을 살펴보았다. 다음은 마더 구스가 스토리의 의미를 만들고 강화시키는 데 얼마나 중요한 역할을 하는지 알아보고자 한다. 내용적으로 보면 마더 구스에는 주인공들이 대부분 유머러스하게 묘사되어 있다.

아래의 라임을 보면 Peter라는 인물의 성격이 잘 드러나 있고 라임 안에 스토리 구조를 가지고 있다. 주인공은 Peter이고 아내를 보호하려고 하는데, 마땅한 곳이 없어 궁리하다가 결국 호박 껍질 안에 보관한다는 내용이다. 이 라임은 주인공도 분명할 뿐 아니라 주인공

Peter, Peter, Pumpkin-Eater
Pumpkin shell에 아내를 넣어 둔 Peter의 모습이 묘사되어 있는 라임이다.

▶ ABC보다 먼저 배우는 영어 동요 (p.62~63)

　이 원하는 것, 주인공이 부딪힌 문제, 그리고 그 문제가 어떻게 해결되었는지 등등의 구조를 갖추어 스토리 감각을 익힐 수 있다. 가장 짧은 문장으로 스토리 감각을 익힐 수 있는 것이 라임의 큰 장점이다.

　　　마더 구스를 구성하는 문장들은 아이들이 읽는 영어책에서 자주 볼 수 있는 빈도수 높은 문장들이다. 따라서 마더 구스에 자주 노출되었던 아이들은 문장과 단어에서 친밀함을 느끼며 영어 학습을 할 수 있다.

영어 동화로 영어 영재 만들기

- 우리 아이에게 과연 읽기 지도를 해도 될까?
- 읽기 지도는 파닉스부터
- 영어 동화를 활용한 읽기 지도
- 영어 동화가 왜 좋아요?
- 영어 동화 이렇게 읽어 보자
- 연령별 영어 동화 지도법 특급 노하우

우리 아이에게 과연 읽기 지도를 해도 될까?

문자 지도를 어릴 적에 시켜야 할지 말아야 할지, 또, 문자 지도를 시킨다면 어떤 단계로 시켜야 할지는 많은 엄마들의 고민이다. 결론부터 이야기하면, 문자 지도는 어렸을 때부터도 가능하다. 처음에는 파닉스부터 시작해서 동화를 활용한 문자 지도까지 단계적으로 이루어지게 하면 된다.

우선 이 책을 읽는 엄마들에게 최초로 문자 지도를 강조한 이옥로 교수(1975)의 연구는 아이들의 학습 지도 활동에 도움을 줄 것이다. 이 교수는 미국 조지타운 대학 박사 논문에서 3세 전후의 두 자녀가 영어 읽기 지도를 통하여 한글까지 터득했다고 밝히고 있다. 그는 전통적으로 듣고, 말하고, 읽고, 쓰는 순서에 의해서 아이가 외국어를 터득한다는 기존의 생각에서 벗어나 새로운 방향을 제시했다.

단계	습득	학습 효과	효과
1	암기 단계	100단어 암기	단어 습득을 통한 영어 습득
2	분석 단계	단어 분석하여 의미 이해	문자 지도를 통한 영어 습득
3	독립 단계	규칙과 글자와 소리 상관 관계 터득	동화 중심의 언어 습득
4	전이 단계	영어 터득 후 한글 해독 가능	의사소통 능력 전이

▶ 이옥로 교수의 문자 지도 단계

즉, 그는 듣거나 말하기 지도보다 문자 지도를 먼저 해도 효과적이라는 증거를 제시하고 있다. 이옥로 교수는 미국에서 4년 7개월 된 딸 유하에게 위의 4단계로 조기 영어 읽기를 통하여 성공적으로 조기 국어 읽기까지 완성시켰다. 그의 연구는 외국어 교육은 듣기부터 시켜야 한다는 일반적인 학설을 뒤집는 결과였다. 유하는 제 1기 **암기 단계**, 제 2기 **분석 단계**, 제 3기 **독립 단계**, 제 4기 **전이 단계**를 거쳐 영어를 터득하였다. 첫째, 유하는 암기 단계에서 100개의 영어 단어와 구를 암기할 수 있었다. 둘째, 유하는 분석 단계를 통하여 글자와 소리의 관계를 터득하였다. 셋째, 유하는 독립 단계를 통하여 영어의 모든 규칙과 글자와 소리의 상관 관계를 터득하였다. 넷째, 유하는 전이 단계를 통하여 영어를 익힌 후에 한글을 깨우칠 수 있었다.

유하는 평범한 한국인 부모 가정에서 태어나 집에서 한국말을 하는 전형적인 한국 아이였다. 유하는 4년 7개월부터 조기 영어 읽기 교육을 집중적으로 받았는데, 그 영어 읽기 교육이 듣기, 말하기, 쓰기에까지 긍정적인 결과를 가져온 것이다. 4년 7개월부터 시작한 공부가 6년 5개월이 되어서는 영어와 한글을 동시에 깨우치는 수준에까지 이르게 된 것이다. 보통 조기 외국어 교육은 듣고 말하기부터 시작하는데, 이런 통상적인 접근과 다르게 읽기 교육을 집중적으로 시켜 영어를 듣고 말하고 쓰기까지 잘 할 수 있게 되었을 뿐만 아니라, 한국어에 전이되어 한국어를 잘 읽고 쓰는 긍정적인 결과를 보여주었다. 결국 이것은 조기영어교육을 할 때 읽기 교육도 긍정적인 효과를 거둘 수 있다는 것을 보여준 연구 결과이다.

일반적으로 어린아이를 위한 효과적인 읽기 지도 절차는 제 1단계 파닉스 연습 과정, 제 2단계 동화를 활용한 읽기 과정, 제 3단계 독후감 재현 연습 과정을 활용하여 지도하는 것이 바람직하다. 이런 동화를 지도할 때에는 읽기 전 활동, 읽기 과정, 읽기 후 지도를 통하여 효과적으로 실시할 수 있다.

읽기 지도는 파닉스부터

읽기 지도 기초 단계에서 파닉스(phonics)를 도입하여 단계적으로 문자를 지도하라. 유아기 아이들은 b자와 d자를 구분하지 못한다든지 s자와 z자를 착각하기도 한다. 그런 현상은 정상적인 것이고 취학 시기가 되면서 문자 형태 인식 능력이 발달되어 잘 구분할 수 있게 된다. 아이들에게 3세부터 문자 인식 지도를 시키면 재미있어하고, 5세 경부터 문자 지도를 할 때, 듣기, 말하기 교육과 함께 읽기 습관을 들여 주는 것이 좋다.

영어의 알파벳(alphabet) 철자는 26개로 되어 있지만 실제 발음은 52개 이상의 서로 다른 음을 이용하여 읽고 발음한다. 철자와 실제 발음상의 차이 때문에 아이들은 체계적인 발음 중심의 교육을 받지 않고는 영어를 잘 읽을 수 없다. 그래서 발음과 문자를 잘 인식하여 읽을 수 있도록 해주는 파닉스를 지도하는 것이다.

예를 들어, A(에이)/a(애)는 ANT(에이/엔/티)/ant(앤트), B(비)/b(브)는 BEE(비/이/이)/bee(비이), C(씨)/c(크)는 CAT(씨/에

《ANT/ant》 《BEE/bee》

《CAT/cat》

〈파닉스 카드의 예〉

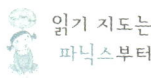

이/티)/cat(캣)이라고 알파벳을 읽고 발음하게 한다. 엄마는 아이의 인지 수준과 발달 단계에 알맞게 철자 읽기 연습을 하도록 배려해 준다.

아이들이 알파벳 읽기를 마친 후에는 단어 읽기를 연습시킨다. 파닉스를 활용한 읽기 지도가 어느 정도 성과를 보여 아이들이 단어를 읽기 시작하면, 동화를 활용하여 읽기 활동을 시작하라. 엄마와 함께 재미있는 동화를 읽으면 아이는 신이 난다. 하루의 일과가 다 끝나고 잠자리에 들기 전에 들려주는 엄마의 동화는 아이들에게 무엇과도 바꿀 수 없는 큰 즐거움이다. 그 즐거움에 영어 읽기 습관을 함께 들여주자. 그러면 아이의 정서, 인지, 언어 발달에 효과가 있다. 아이들에게 가장 대표적인 Brown Bear, Brown Bear, What Do You See?와 같은 쉬운 동화부터 시작해 보자.

『Brown Bear, Brown Bear, What Do You See?』

단계	파닉스 중심의 문자 지도 활동	효과	비고
제시	① 엄마는 아이들에게 교재의 알파벳을 인식하게 한다. ② 배운 알파벳을 단어 카드의 그림과 함께 제시한다.	문자 인식	파닉스 지도
연습	① 엄마는 교재의 알파벳 혹은 단어를 함께 읽는다. ② 엄마는 알파벳 카드를 순서 없이 아이에게 보여준 후 따라 읽게 한다.	문자 습득	파닉스 연습
적용	① 아이가 알파벳을 읽기 시작한다. ② 아이는 엄마의 몸동작(TPR) 활동을 보며 읽는다. 혹은 아이는 비디오의 알파벳 노래를 듣고 따라 부르며 읽는다. ③ 아이는 챈트와 노래를 부르면서 읽는다. ④ 아이는 엄마와 함께 알파벳 혹은 단어를 읽는다. ⑤ 아이는 읽기와 관련된 놀이와 게임 활동을 하면서 읽는다. ⑥ 아이가 단어의 뜻을 알고 읽는다.	문자 활용	파닉스 응용
활용	① 동화를 활용하여 읽기를 하고, 그 내용을 감상한다. ② 동화를 활용하여 읽기 전, 읽기 중, 읽기 후 활동을 한다.	내용 감상	파닉스와 동화 균형 지도

▶ 파닉스를 이용한 문자 지도 단계

파닉스 중심의 문자 지도는 읽기를 먼저 하고 쓰기를 나중에 한다는 공식은 없다. 그러나 대개 문자 지도를 한다고 하면 읽기를 먼저 하는 것으로 생각한다. 초보 읽기 지도 단계에서는 여러 가지 진행 방법이 가능하다. 따라서 초보 읽기 지도에서 제 1단계에서는 **제시**, 제 2단계는 **연습**, 제 3단계는 **적용** 과정을 거쳐 문자를 익힌다고 보고 있다. 여기에 제시된 방법이 최선의 방법이라기보다는 일반적인 적용 절차이다. 따라서 아이들의 수준과 흥미 정도에 따라서 다르게 활용할 수 있다.

영어 동화를 활용한 읽기 지도

영어 동화를 활용한 읽기 학습은 아이에게는 풍부한 상상력과 꿈을 심어주는 원동력이 될 뿐만 아니라, 효과적인 영어 학습 결과를 가져온다. 특히 굿맨(Goodman, 1986)은 읽기 학습의 중요성을 강조하면서 다음과 같이 영어 동화 읽기 전, 읽기 중, 읽기 후 학습으로 구분하여 지도할 것을 권장하고 있다. 지도를 하는 데 유용한 각 단계의 다양한 활동을 함께 생각해 보자.

동화 읽기 학습 단계	읽기 활동	동화 읽기 활동의 예	비고
읽기 전 (Before Reading)	연상 활동	의미 추측하기, 팬터 마임하기, 만화 활용하기, 집중 게임, 번역 놀이, 그림과 단어 카드 연결하기, 그림 알아맞히기, 진실게임, 빙고게임, 챈트 노래 부르기	사물과 문자 일치시키기
읽기 중 (While Reading)	정독 활동	감정 모형 그리기, 이야기 이어가기, 이야기 중 질의응답 하기, 배경 그림 상상하기, 추측게임 하기, 꼬리표 달기	함께 읽어 보기 의미 파악하기
읽기 후 (After Reading)	재현 활동	내용 재현하기, 챈트 부르기, 손가락 인형 놀이 하기, 책 만들기, 주사위 놀이하기, 진실게임 하기, 빈칸 채우기, 그림 직소(Jig-saw) 읽기, 섞여있는 두 가지 이야기 분리하기, 이야기 분석하기, 정보 찾기, 이야기지도 그리기, 만약 내가 주인공이라면, 소연극 및 뮤지컬 녹음하기, 발표하기, 이야기책 만들기	내용 말하기 감상하기

▶ 동화 읽기 학습 및 지도 단계

제 1단계 읽기 전 학습 연상 활동

문자를 읽기 전 학습이란 아이의 선험적인 지식을 길러주는 과정으로 문자에 대한 이해도를 높여주는 활동을 가리킨다. 읽고자 하는 동화에서 아이와 함께 나누고 싶은 부분이나 동화를 이해하기 위해 미리 알고 있어야 할 내용, 그 내용과 관련된 아이의 경험 등을 책을 보지 않은 상태에서 먼저 이야기를 나누어, 아이가 그 동화 속의 상황으로 젖어들 만한 환경을 만들어 주는 것을 말한다. 이 단계에서 시간을 충분히 가지고 아이와 많은 시간을 나눌수록 동화 읽기가 풍성해진다. 예를 들어, 아이들이 입고 있는 티셔츠나 학용품에 적혀있는 영어의 알파벳 글자나 영어 문자를 알고 있는지 서로 이야기해 보고 알파벳 지도에 들어가면 문자 학습에 더욱 친근감을 느낄 것이다.

그리고 만약 "Our family and family relationship"에 대한 이야기를 읽는다면 아이 자신의 가족을 먼저 생각하게 한 다음 이야기를 읽어 보는 것이 내용을 파악하는데 도움을 줄 것이다. 그리고 우리말로 가족 간의 명칭을 이야기해 보는 것도 좋다.

Activity 1 의미 추측하기(Meaning Guessing)

이야기의 내용을 추측해 볼 수 있도록 동화책의 표지만 아이들에게 보여 주고, 어떤 내용과 어휘들이 본문에 사용되었을지 생각해 보는 활동이다. 엄마와 아이들이 서로 묻고 대답하는 과정을 통해 내용을 추측할 수 있다.

Activity 2 팬터마임 하기(Playing Pantomime)

어린아이일 경우 팬터마임을 통해서 행동, 감정, 상태를 나타내는 어휘들을 가르친다. 표정으로 단어를 설명하면, 아이들의 단어에 대한 인식과 기억력을 증진시킬 수 있다. 그림 자료를 구하기 힘들 때나 새로운 어휘를 인상 깊게 소개하고자 할 때 얼굴 표정이나 몸짓 등을 활용할 수 있다.

Activity 3 만화 활용하기(Applying Cartoons)

만화 속 이야기에 사용되는 어휘 중 새롭게 소개되는 명사, 형용사, 동사 등을 선정하고 어휘에 관한 삽화나 사진을 복사하여 그림 카드로 만들 수도 있고, 다른 잡지나 책에서 나온 만화 그림들을 활용할 수도 있다. 그림이나 사진을 활용하여 아이들에게 그림 사전(Picture Dictionary)을 만들게 할 수도 있다. 새로운 단어와 표현들을 그림으로 그려서 그림 카드를 만들고, 그 카드 뒷면이나 하단에 영어 단어를 적어서 묶어 두면 그림 사전이 된다.

Activity 4 집중 게임(Concentrating Game)

영어 카드나 그에 해당하는 한글 카드를 만든 다음 영어 카드와 한글 카드를 빨리 짝짓게 하는 게임이다. 단어를 재미있게 익히는 데 매우 유용하다. 게임 순서로는 첫째, 학습한 단어 중 10~12개의 단어를 선정하여 단어 카드를 만들고, 그에 해당하는 한글 카드를 만든다. 둘째, 단어 카드를 책상 위에 뒤집어 놓는다. 셋째, 가위 바위 보로 게임의 순서를 정한 후, 이긴 사람이 카드를 두 장 뒤집는다. 넷째, 한글과 영어가 일치하면 맞힌 카드를 자기 앞으로 가져오고 계속해서 다음 카드를 뒤집는다.

Activity 5 번역 놀이 하기(Translation Play)

아이들이 의미를 파악하지 못할 경우, 번역식 학습 방법이 고전적이라고 하여 배제하기보다는 상황에 맞게 적절히 응용하는 것이 좋다. 구체적인 방법으로, 아이들이 영어 단어를 우리말로 번역하거나, 엄마가 우리말로 표현하면 아이들이 영어 단어를 말한다. 차츰 영어로 말해 주는 부분을 확대시켜 나가면 이야기에 대한 흥미와 자신감이 늘어난다.

Activity 6 그림과 단어 카드 연결하기(Connecting Pictures to Words)

　새로 나온 단어나 아이들이 익혀야 할 단어를 그림과 함께 짝을 이루어 카드로 몇 세트를 만들어 아이들에게 주고 알맞은 짝을 찾도록 한다.

Activity 7 진실게임 하기(True or False Game)

　사물이나 그림을 보여 주고 엄마가 단어나 사물에 관한 문장을 말한다. 엄마가 말한 문장이 맞을 때만 아이들은 문장을 따라 말하도록 한다.

Activity 8 챈트와 노래 부르기(Chant & Song)

　이야기와 관련된 내용의 챈트와 노래를 불러 운율과 리듬감을 통해 어린아이들의 흥미를 유발시키고 이야기에 쉽게 접근하도록 도와준다.

제 2단계 　읽기 중 학습　정독 활동

　　　표지 이야기부터 시작하는데, 표지에는 작가가 하고자 하는 이야기들이 함축적으로 담겨 있는 경우가 많으므로 배경지식(prior knowledge)을 바탕으로 아이와 많은 이야기를 나눈다. 표지를 보고 책의 내용을 상상해 보면서 읽고 싶은 마음이 들도록 유도한다. 예측하기(Prediction)단계에서는 책의 그림들만 빨리 본 후, 책의 내용을 예측해 보도록 한다. 예측한 내용을 가지고 아이들과 이야기해 본다. 이 단계 후에는 본격적인 읽기 단계로 들어간다.

첫 번째 읽기(First reading)에서는 전체적인 이야기를 듣도록 천천히 읽는다. 끝까지 읽은 후 아이에게 이야기가 어디에서 시작되었고 주인공은 누구인가 등의 질문과 대답으로 전체적인 내용을 파악할 수 있도록 도와준다. 또한 예측한 부분이 얼마나 정확했는가도 이야기해 본다. 두 번째 읽기(Second reading)에서는 그림과 내용을 연결시키면서 자세한 부분까지 이해할 수 있도록 설명도 곁들이면서 읽되 번역을 해서는 안된다. 여기서는 의미를 설명하고 그림과의 연결을 통해 세세한 부분까지 아이들이 알 수 있도록 이야기해 본다. 세 번째 읽기(Third reading)에서는 그림이나 구체적인 단어 설명이 가능하도록 아이들을 읽기에 적극적으로 참여시킨다. 아이의 경험과 접목시켜 아이가 자신의 이야기를 나누어 보도록 유도한다. 이러한 방법으로 아이와 내용을 충분히 나눈 이야기를 자기 전에 잠자리에서 읽어 주면 효과적이다.

Activity 1 감정 모형 그리기(Drawing Emotional Patterns)

동화를 활용한 영어 수업은 감정 곡선 그리기와 같은 활동을 통해서 어린아이들의 인성 교육까지도 지도할 수 있다. 수업을 시작하기 전에 우선 이야기의 주요 문장이 쓰인 학습 활동지를 만들어야 한다. 학습 활동을 시작하기 전에 이 활동에 대해 설명하고 이야기를 읽어 준다. 이야기를 읽어 줄 때, 아이들로 하여금 자신의 감정 상태가 달라지는 부분을 그림으로 표시하게 한다.

Activity 2 이야기 이어가기(Storytelling Relay)

이야기 중, 혹은 이야기를 마친 후에 이야기에 나오는 상황에 대한 어린아이 자신의 이야기를 들어본다. 이야기는 이어지는 영어와 더불어 어린아이의 상상력·창의력·추리력을 증진시키고자 하는 목적이 있으므로 가능하면 영어로 말하게 하되, 아이들의 언어 수준이 낮으면 한글로 대답하게 한다.

Activity 3 이야기 중 질의응답 하기(Question & Answer in Storytelling)

이야기를 읽어 주다가, 적절한 때에 이야기를 잠시 멈추고 다음에 어떤 일들이 일어날 것인지 물어서 이해도를 체크해 본다. 이야기에 대한 이해도가 낮으면 엄마가 지금까지의 이야기를 다시 요약, 정리해 주고 그 다음으로 넘어가도록 한다.

Activity 4 배경 그림 상상하기(Imagining Background Pictures)

이야기의 이해를 돕기 위해서 시각적인 연상법을 사용할 때 배경 그림 상상하기 활동을 할 수 있다. 특히 아이들이 상상으로 그린 배경 그림 속에서 듣고, 느끼고, 맛보고, 냄새 맡은 것을 이야기해 보도록 격려한다.

Activity 5 꼬리표 달기(Labelling)

학습자 주도형 학습 활동으로, 이야기에 관련된 그림을 교사가 미리 준비하거나 아이들에게 그리도록 한다. 이야기를 시작하기 전, 이야기에서 핵심이 되는 단어를 칠판에 쓴다. 이야기를 들을 때 그림과 관련된 단어를 해당 그림 밑에 붙이게 한다.

제 3단계　읽기 후 학습　재현 활동

　　　　읽기 후 활동은 창의력을 배가시키는 체험 중심의 과제 학습이 되어야 한다. 덜킨(Durkin, 1993)도 읽기 후 활동은 마무리 과정이 되어야 하므로 동화 내용을 회상하는 연상 과정이어야 한다고 주장했다. 먼저, 읽기를 한 후에 제목, 내용을 정리해 본다. 그리고 읽었던 내용 중 인상 깊은 장면이나 재미있었던 장면을 그림으로 그려 보거나, 이야기 전개의 순서를 차례대로 이야기해 보면서 내용을 정리한다. 또 '내가 만약…(If I were…)', '만약에…' 등의 주제로 아이의 상상력이 마음껏 발휘되도록 도와준다. 또 읽기 전 단계에서 읽었던 시나 함께 불렀던 노래를 다시 읽고 불러 보는 것도 좋다. 그래서 아이의 마음에 동화의 내용이 잔잔하게 남을 수 있도록 해 준다.

Activity 1 내용 재현 활동하기(Reproduction)

엄마가 이야기를 실감나게 읽어 주면, 아이들이 이야기에 맞게 제스처나 모션으로 내용을 표현할 수 있다. 의사소통의 70% 이상이 비언어적 요소이므로 아이들이 이해한 단어를 동작이나 표정 등으로 표현할 수 있다면 더 효과적인 학습을 기대할 수 있다. 엄마가 단어를 말해 주면 아이들이 마임을 하거나, 그 반대로 아이들이 단어를 외치면 엄마가 마임을 하는 등 활용 폭을 넓힐 수 있다.

Activity 2 챈트 부르기(Chant)

반복 학습이 중요하기는 하지만 똑같은 방법으로 시도하면 아이들이 지루해 할 수 있으므로, 챈트를 사용하여 이야기를 다시 한번 읽어 주도록 한다. 리듬과 박자를 맞추기 위해서 재활용 악기를 만들어 사용해도 좋다. 페트병에 모래나 콩 등을 약간 집어 넣어 리듬에 맞춰 흔든다.

Activity 3 책 만들기(Book Making)

　목표어를 사용할 때 필요한 시각 자료들을 자신이 직접 만들어 본다. 만든 학습 자료를 사용하여 영어 표현을 확실히 자신의 언어로 만들고 반복 연습할 수 있는 기회를 부여하는 활동으로 아이가 책을 직접 만들어 봄으로써 통합 교육적 효과와 감각을 통한 어휘와 구문을 익히는 효과를 누릴 수 있다. 어린아이의 경우, 손쉽게 접근할 수 있는 소책자(Mini Book) 만들기를 시도해 볼 수 있다. 종이를 접어서 자른 후 읽은 내용 중에서 인상적이고 재미있는 부분을 기억해 놓았다가 간략한 그림과 이야기를 적어 자신만의 책을 만들어 본다.

Activity 4 진실게임 하기(True or False Game)

아이들의 이해를 돕기 위해 이야기를 서너 번 읽어 준 후, 이야기에서 몇 부분에 변화를 주어 참 또는 거짓 문장을 만들어서 이야기한다. 아이들은 엄마의 문장을 듣고 참 또는 거짓을 이야기한다.

Activity 5 빈칸 채우기(Filling Blank)

이야기 전체, 혹은 일부에 군데군데 빈칸을 낸 원고를 준비하여 아이들에게 나누어 준다. 아이들 스스로, 혹은 엄마의 도움을 받아 빈칸을 채우게 한다. 난이도는 아이들 수준에 맞게 결정한다. 이 활동은 문자 쓰기가 시작되는 고학년 아이들에게 보다 적합하다.

Activity 6 이야기지도 그리기(Storytelling Map)

이야기 전개 과정의 이해를 돕기 위해 사건의 순서를 그려 보는 학습 활동이다. 이야기를 들으면서 이야기지도 그리는 방법을 가르쳐준다. 이 활동은 이야기의 구조를 익히고 이야기를 다시 말해 보는 데 도움이 된다.

Activity 7 만일 내가 주인공이라면(If I were a hero, ...)

아이 자신이 주인공이라고 상상하여 그 상황에서 나라면 이렇게 했을 것이라는 의견을 이야기해 보게 한다. 사고력과 상상력에 도움이 되는 학습 활동이다.

영어동화 전문가 금소영의
알찬 조기영어교육
노하우

영어 동화가 왜 좋아요?

"우리 아이에게 영어 동화책을 읽어주면 좋겠어요." 요즘 많은 엄마들이 한번쯤 해 보는 생각이다. 그런데 영어로 쓰여진 동화책을 어떻게 읽어주어야 할까? 동화책이니까 어린이를 위한 책이긴 한데 아직 영어의 알파벳도 모르는 아이가 영어 문장들을 다 소화해 낼 수 있을까? 어떻게 하면 우리 아이에게 한글 동화처럼 재미있고 자연스럽게 영어 동화를 읽어줄 수 있을까? 모든 엄마들이 갖게 되는 당연한 고민이다. 지금부터 차근차근 엄마들의 관심 대상이자 고민거리인 영어 동화에 대해 알아보자!

영어 동화의 장점

영어 동화의 장점으로는 첫째, 재미있다. 영어라는 글자로 이루어져있지만 동화라는 특색으로 인해 재미를 느낄 수 있다. 재미있다는 말은 아이들이 흥미롭다고 여길 만한 상황들이 영어 동화의 내용을 이루고 있고, 이를 통해 아주 자연스럽게 내용과 함께 표현들을 소화할 수 있다는 것이다.

둘째, 사고가 깊어진다. 영어 동화책은 작가의 특징이 잘 나타나는 삽화가 있어 아이들에게 신선함과 재미를 준다. 이러한 그림을 통해 아이들은 무한한 상상을 할 수 있으며 사고력을 향상시킬 수 있다.

셋째, 이야기 구조를 쉽게 알 수 있다. 재미있는 동화책을 자주 접하다 보면 아이들은 동화가 전개되는 구조를 쉽게 알 수 있다. 따라서 이야기를 예측할 수 있고 내용도 쉽게 이해할 수 있다. 어려서부터 이런 훈련이 된 아이들은 커서도 많은 분량의 글을 읽어내는 기본 능력을 갖추게 된다.

넷째, 라임에 익숙해진다. 영어 동화책을 큰 소리로 읽게 되면 리듬이 느껴진다. 그 이유는 많은 영어 동화들이 운율이라는 요소를 갖고 있기 때문이다. 운율은 끝음이 같은 소리로 끝나는 단어들을 말하는데, 이로 인해 글에서는 리듬감을 느낄 수 있고 반복되는 구절이 있어 영어를 처음 배우는 아이들이라도 쉽게 따라할 수 있다는 자신감을 준다. 또한 맹목적인 발음 연습과는 다르기 때문에 아이들에게 음을 즐길 수 있는 여유와 흥미를 줄 수 있다.

다섯째, 생생한 표현들을 배울 수 있다. 영어 동화책에는 영어적 표현들이 그대로 살아있다. 영어 동화는 읽기 교재로 단어나 문장들을 일정한 기준에 맞추어 통제한 것이 아니라 영미문화권 아이들이 사용하는 생생한 표현들로 이루어져 있기 때문에 아이들에게 표현의 다양함을 그대로 알려줄 수 있으며 바른 표현을 사용할 수 있게 도움을 준다.

여섯째, 살아가는 데 필요한 지혜를 얻을 수 있다. 영어 동화는 아이들의 눈높이에 맞추어 아이들이 공감할 수 있고 이해할 수 있도록 씌어 있다. 아이들이 세상을 사는 데 필요한 지혜를 스스로 느낄 수 있도록 하여 도덕적인 규칙들을 배울 수 있도록 해 준다. 또 책 속의 주인공과 하나가 되어 간접 경험을 풍부하게 할 수 있도록 도와 준다. 아이들에게 동화는 이 세상을 헤쳐나가는 안내자 역할을 하기도 하고 아이들의 내면 세계를 성숙하게 해 주는 역할도 한다.

일곱째, 외국 문화를 쉽게 이해할 수 있다. 동화를 통해 아이들은 세상의 많은 지식들을 배우기도 하고 이전에 자기가 알고 있었던 지식과 연결하여 확장시킬 수 있다. 이러한 과정에서 아이들은 여러 방면의 지식들과 다른 문화에 대한 충분한 간접 경험으로 인해 세상을 넓게 볼 수 있는 안목을 키울 수 있다.

영어 동화는 학습적인 면이나 정서적인 측면에서 중요한 역할을 한다. 따라서 책을 읽어 줄 때는 위에서 언급한 효과가 극대화될 수 있도록 도와주어야 한다.

영어 동화책의 특징

영어 동화책의 큰 특징 중 하나는 첫째, 대부분 책들의 내용이 예측 가능하다는 것이다. 예측이 가능하다는 말은 동화의 내용과 그림이 서로 잘 연결된다는 말이다. 아이들의 수준에 따라 동화 속의 그림이 일대일로 연결되기도 하고 문장 전체와 한 개의 그림이 연결되기도 한다. 따라서 영어를 처음 접하는 아이들도 쉽게 동화의 내용을 파악할 수 있다.

둘째, 자연스럽게 문장이 반복된다. 아이들은 반복되는 내용들을 쉽게 예측할 수 있고, 이러한 예측들이 계속 들어맞아가면 아이들은 자신들이 책을 읽어냈다는 생각을 통하여 영어 동화에 대한 자신감을 갖게 된다.

셋째, 라임으로 이루어진 단어들이 많아 쉽게 기억할 수 있고 리듬감을 살려 읽을 수 있어 아이들에게 더욱 흥미를 줄 수 있다. 예측 가능한 책(Predictable book)의 범주에 속하는 영어 동화책들은 영어 동화를 처음 시작하는 아이들이 영어 동화에 쉽고 재미있게 다가설 수 있도록 하는 데 중요한 역할을 한다.

영어 동화책의 종류

여기서 이야기하는 영어 동화책이라 함은 대다수 그림책(Picture Book)을 의미한다. 그림책의 종류에는 여러 가지가 있다.

첫째, 영아들을 위한 책(Baby Book)이다. 이 책들은 선명한 색상의 삽화와 견고한 재질로 되어 있다는 것이 특징으로, 딱딱한 판지로 만든 책(Board Book), 헝겊 책(Cloth Book), 비닐로 된 책(Vinyl Book) 등이 있다. 이 책에는 문장이 거의 없거나, 있어도 간단하게 들어 있고 주로 영·유아에게 익숙한 사물들이 그림으로 나타난다.

둘째, 상호작용을 할 수 있는 책(Interactive Book)이다. 책의 내용이 전개되면서 아이들에게 직접 질문을 던져서 대답을 유도하기도 하고 책의 반복되는 부분들을 손뼉을 치면서 이야기하게 하는 등 책을 읽는 아이들이 책과 상호작용을 할 수 있도록 만들어진 책이다. 책을 만져보게 하거나, 책을 접거나 펴 보게 할 수도 있고, 책 속에서 숨겨진 사물을 찾게 하는 등 다양한 방법으로 아이들과 책의 상호작용을 이끌어 준다.

셋째, 장난감 같은 책(Toy Book)이다. 책을 자르고 접고, 구멍을 내고 움직이면서 변화를 줄 수 있도록 만들어진 책으로, 주로 팝업북(Pop-up Book) 등이 이 범주에 해당된다.

넷째, 마더 구스와 너서리 라임 책(Mother Goose and Nursery Rhyme Book)으로, 이 책들은 오래 전부터 구전되는 시나 동요, 기도문 등을 한데 모으고 삽화를 그려서 만든 책이다. 가장 오래된 마더 구스 책은 18세기 초 페로(Charles Perrauult)가 쓴 마더 구스 이야기(Tales of Mother Goose)를 들 수 있다. 마더 구스는 단순한 동요나 시가 아니라 영미문화와 역사에 뿌리를 둔 것으로 아동문학의 소재로 자주 이용되며, 그 자체가 아동 문학의 중요한 한 부분이다. 따라서 아이들에게 문학의 세계를 소개하는 입문서와 같은 책이다.

다섯째, 알파벳을 알려주는 책(Alphabet Book)은 처음 영어를 배우는 아이들을 위하여 쓰여진 책으로, 아이들에게 친숙한 동물, 사물 등을 주제로 하여 알파벳 26글자가 전개됨으로써 쉽게 아이들이 알파벳에 친숙하게 된다.

여섯째, 수와 관련된 책(Counting Book)인데, 아이들에게 친숙한 사물이나 동물을 주제로 하여 숫자, 숫자의 모양, 숫자의 이름 등을 알려주기 위해 만든 책이다.

일곱째, 아이디어나 개념을 알려주기 위한 책(Concept Book)으로, 이야기를 들려주는 것이 아니라 어떤 사물, 개념 등에 대해 알려주는 책이다. 예를 들면, 기차에 대한 설명이 들어 있는 책이 있고, 반대말을 설명하는 책도 있으며 사람, 동물, 사물 등의 명칭을 아이들이 쉽게 익히고 말할 수 있는 책 등 그 종류가 다양하다.

여덟째, 글자 없는 책(Wordless Book)은 이야기 전개를 전적으로 그림에 의존하는 책이다. 아이들은 그림을 '읽으면서' 스스로 말을 만들어 내기도 한다. 글자가 아니라 그림을 통해서 이야기가 전개되고 의미를 이끌어 내는 동화책이다.

아홉째, 이야기 책(Storybook)이다. 문장과 그림이 어우러져 이야기를 말하는 책으로 영어 동화의 가장 전형적인 형태이다. 1902년 베아트릭스 포터(Beatrix Potter)의 피터 래빗 스토리(The Tale of Peter Rabbit)와 1928년 완다 개그(Wanda Gag)의 백만 마리 고양이(Millions of Cats)가 근대 이야기 책의 원형이라 할 수 있다.

『The Tale of Peter Rabbit』

영어 동화 이렇게 읽어 보자

동화책 읽기에는 다양한 방법이 있다. 즉, 이야기 구연하기, 소리 내어 읽어 주기(Reading Aloud), 함께 읽기(Shared Reading), 후렴구를 반복해서 같이 읽는 참여독(Participation Reading), 함께 소리 맞춰 읽는 합창독(Choral Reading) 등이 있다. 이런 여러 가지 동화책 읽기 방법 중에서도 특히 소리 내어 읽어 주기(Reading Aloud)와 함께 읽기(Shared Reading) 기법이 초기 읽기 학습자에게 적절한 방법이라 할 수 있다. 아이의 경우 혼자서 책을 읽기 힘들기 때문에 엄마가 책을 소리 내어 읽어 주거나 소집단 학습자와 함께 읽기를 하는 것이 아이들의 심리를 안정시켜주고 읽기에 부담을 느끼지 않게 해서 좋다.

동화 읽기 유형	특징	교육 효과
낭독, 소리 내어 읽어 주기	아이가 읽기 감상	정서 순화
함께 읽기	협동 활동	읽기 능력 향상
동화 구연	작품 감상	사물의 이해와 지능발달
합창독	음성 언어 교정	의사소통 능력 향상
그림 읽기	아이가 그림 감상	관심과 호기심, 내용 예측 가능

▶ 동화 읽기 유형의 특징과 효과

📖 **소리 내어 읽어 주기(Reading Aloud)**: 소리 내어 읽어 주기는 엄마가 재미있고 다양한 방법으로 소리 내어 아이에게 책을 읽어 주는 것을 말한다. 언어의 리듬과 억양, 문자의 소리와 의미 등을 전달하고 책 읽기에 대한 동기를 부여하는 효과적인 읽기 모델 방법 중 하나이다. 아이들이 직접 동화를 읽기 전에 듣는 기회를 많이 제공함으로써 듣기 능력 향상을 도모할 수 있으며, 구어와는 다른 문어의 다양한 문장 형태를 인식하게 하여 이야기 감상 능력을 발달시킬 수 있다. 또한 삽화와 글자를 짚어가며 읽어 줌으로써 소리와 문자의 결합을 쉽게 이해시키며, 이야기 내용과 다음에 이어질 내용에 대한 질문을 통해 아이의 이해도를 확인할 수 있다. 엄마는 책을 읽어 주는 속도를 조정하고 목소리를 재밌게 내면서 아이들의 흥미를 유발한다.

📖 **함께 읽기(Shared Reading)**: 함께 읽기 기법은 엄마가 아이와 함께 동화를 읽는 것이다. 활자가 큰 동화책을 이용하여 엄마가 각 단어를 손가락으로 짚을 때마다 아이가 크게 소리 내어 읽어 보는 것이다. 아이들이 내용에 익숙해지면, 이야기의 다음에 올 단어나 구절이 무엇인지 예측하게 한다. 또한 아이가 단어를 가리킬 때 자신의 친구들과 함께 읽을 수 있도록 지도한다.

📖 **동화 구연(Storytelling)**: 동화 구연은 구연자가 책을 보지 않

고 듣는 사람과 얼굴을 마주보고 강약, 고저, 장단 등 음성 변화를 고려하여 발성하고, 동화의 내용에 맞게 몸짓이나 손짓 등을 사용하여 이야기를 듣는 사람들 앞에서 현실감 있게 이야기해 주는 것이다. 이야기를 들려주는 것은 아이들에게 무한한 즐거움과 상상력을 줄 뿐만 아니라 좋은 문학 작품의 감상을 통하여 작품 속의 사회나 문화를 자연스럽게 접하게 되며 언어적 지식을 풍부하게 한다.

📖 **합창독(Choral Reading)**: 합창독은 여러 명의 아이들을 함께 지도할 때 아이들에게 부담을 덜 주면서 읽기를 유도하는 방법이다. 주로 반복되는 중요 어휘나 구문, 문장을 합창을 하듯이 다 함께 읽는다. 이는 중요한 단어와 문장을 배우면서 발음을 익히는 데 도움을 준

다. 또한 혼자 읽는 부담과 두려움을 없애고, 여러 아이들 속에 자신의 목소리가 자연스럽게 섞이므로 자신을 표현하면서 단어나 문장을 연습할 수 있는 기회가 된다. 이때 몇몇 아이는 내용과 관련되는 효과음을 내거나 독창을 할 수도 있다.

그림 읽기(Picture Telling): 그림 읽기란 동화책의 문장들을 읽지 않고 그림을 보면서 아이에게 그림을 설명해 줌으로써 책의 내용을 알 수 있도록 해 주는 방법이다. 특히 영어를 잘 모르는 아이들에게도 영어 동화책에 관심을 갖도록 하는 데 도움을 준다. 그림을 보면서 아이와 충분한 이야기도 나눌 수 있고 앞으로 펼쳐질 내용을 예측하며 아이가 그 책에 대해 호기심을 가지도록 도와줄 수 있다. 연령이 어린 아이들의 책일수록 그림의 비중이 크므로, 그림 읽기를 충분히 한 아이들은 동화를 이해하는 데 어려움이 적을 뿐 아니라 상상력도 풍부해진다. 또 아이들은 어른보다 그림을 더 자세히 읽을 수 있기 때문에 엄마들이 이 부분에 많은 시간을 할애해서 아이가 그림을 즐기고 그림에서 많은 것들을 가져갈 수 있도록 배려해야 한다.

📖 소리 내어 읽기(Reading Aloud), 이렇게 지도해 주세요!

① 아이와 함께 읽기 전에 엄마가 미리 동화를 충분히 읽어 둔다.
② 엄마가 매일 조금씩 읽는다.
③ 이야기 내용에 맞게 몸동작을 활용하고, 읽는 목소리도 내용에 맞게 바꾸면서 재미있게 읽는다.
④ 아이들이 상상력을 마음껏 펼칠 수 있도록 천천히 읽는다.
⑤ 처음에는 그림이 많고 구문이 반복되어 쉽게 내용을 예측할 수 있는 책을 선택한다.
⑥ 반복 구절이 있으면 아이와 함께 읽는다.
⑦ 아이들이 읽다가 질문을 하면 그 자리에서 대답해 준다.
⑧ 책 내용과 아이들의 경험을 연결시킨다.
⑨ 이야기 내용에 맞는 보조물을 준비한다. 예를 들어, 사탕에 관한 내용이면 사탕을 가져와 나누어 먹으면서 읽는다.
⑩ 엄마가 보여주는 읽기에 대한 열정과 재미를 아이들이 모방하여 배우도록 한다.
⑪ 엄마 자신이 좋아하지 않는 책은 읽지 않는다. 엄마가 즐거워하며 읽는 표정은 아이에게 좋은 영향을 미친다.

📖 함께 읽기(Shared Reading), 이렇게 지도해 주세요!

① Big Book으로 아이가 좋아하는 챈트, 노래, 시, 이야기를 읽는다.
② 다음 단계에서는 아이들이 참여해 함께 읽도록 한다.
③ 스토리를 다시 읽으면서 반복되는 구절은 아이들과 같이 읽는다.
④ 전체 스토리를 아이들과 함께 읽는다. 이 때 아이들은 스토리에 친숙해진다.
⑤ 엄마가 어떤 문장에서 읽기를 중단하면 아이들에게 그 다음 단어나 구절을 읽게 한다.
⑥ 잘 읽는 아이와 읽기 수준이 낮은 아이가 짝이 되어 서로 따라 읽게 한다.
⑦ 아이들 수준에 맞추어 계속 들을 수 있는 테이프와 그에 맞는 책을 구할 수 있으면 소그룹 활동으로 이용할 수 있는 좋은 읽기 학습이 될 수 있다.
⑧ 아이들이 읽은 책을 바탕으로 하여 그림을 그려 자신의 책을 만든 다음 그룹별로 서로 읽어 주게 한다.
⑨ 읽은 내용에서 반복되는 발음이 있으면 아이들에게 찾아내게 해서 소리와 글자와의 관계도 자연스럽게 익히게 한다.

연령별 영어 동화 지도법 특급 노하우

0~18개월

　학자들의 연구에 의하면, 태중에 있는 아이에게 영어로 이야기를 들려주거나 영어로 대화를 하고 영어 노래를 들려 주면, 아기는 영어 특유의 리듬에 익숙해지고 성장하면서 언어 흡수력이 빨라진다고 한다. 아기들에게는 여러 가지의 언어를 한꺼번에 접해주더라도 모두 다 모국어처럼 자연스럽게 받아들일 수 있는 능력이 있는데, 자라면서 점점 이 능력을 잃어버리기 때문에 어렸을 때 많은 양의 언어 노출을 시켜주는 것이 중요하다.

　갓 태어난 아기들을 위해서는 최대한 자연스럽고도 편안한 분위기에서 엄마가 중점적으로 제공해 줄 수 있는 언어 환경이 매우 중요하다. 자장가를 부르면서, 따뜻한 목소리로 어르면서, 베이비 마사지를 해 주면서 계속 영어를 들려주는 것이 좋다. 베이비 마사지(Baby massage)란 아기를 부드럽게 어루만져 주고, 가벼운 터치를 해 주는 것으로, 애정을 전달하는 수단이며, 사랑이 담긴 피부접촉이다. 아이 피부의 감각 능력은 보고 듣는 감각보다도 훨씬 일찍 형성된다고 한다. 아기가 마사지를 받고 나면 뇌 속에 세로토닌이라는 호르몬 분비가 촉진되어 정서가 안정되고 잠이 쉽게 들 수 있다. 소화 능력이나 배설 능력도 좋아지고 순환기와 호흡 기능이 향상되어 체중이 증가하는 효

> **세로토닌**
> 정서, 감정적 행위, 수면, 기억, 식욕의 조절에 참여하며 도파민 체계의 활동을 조절하는 신경 전달 물질이다.

TIP 베이비 마사지 할 때 엄마가 쓸 수 있는 표현

- Let's massage your body.(아가야, 마사지 하자.)
- I'll rub your head.(머리를 쓰다듬어 줄게.)
- I'll rub your shoulders.(어깨를 쓰다듬어 줄게.)
- Okay, lie on your tummy like this.(자, 이렇게 엎드리자.)
- I'll rub your back.(등을 쓰다듬어 줄게.)
- Lie on your side.(옆으로 눕자.)
- Okay, lie on your back.(자, 바로 이제 눕자.)
- Let's massage your arms.(팔을 마사지 하자.)
- I'll rub your chest.(가슴을 쓰다듬어 줄게.)
- I'll rub your tummy.(배를 쓰다듬어 줄게.)
- Now let's do some leg exercises.(자, 이제 다리 운동 하자.)
- Bend your legs. Straighten them out.(다리를 굽혔다가 펴자.)
- I'll rub your legs.(다리를 쓰다듬어 줄게.)
- Very good. You feel good, don't you?(잘했어, 기분 좋지?)
- I like it best when you smile. (엄마는 네가 웃는 게 제일 좋아.)

과도 있다.

　　이 시기의 아이들은 아직 활동이 자유롭지 못하므로 주로 가만히 누워서 주변의 자극에 수동적으로 반응하는 단계라 할 수 있다. 하지만 청각만큼은 충분히 발달되어 있는 상태이므로 친숙한 엄마의 목소리로 부드러운 영어 노래 등을 들려주는 것이 좋다. 그리고 잠이 많은 때이긴 하지만 아기가 깨어있는 때 중 좋은 시간을 선택해 하루 1~2시간 정도 자장가나 영어 동요 테이프를 틀어 주면 아기가 영어 리듬과 소리에 익숙해지게 된다.

　　0~18개월 사이에는 엄마의 언어가 아이에게 각인되는 시기이다. 그래서 간단한 단어나 문장으로 된 동화가 효과적이다. 그리고

신생아들에게는 오히려 어렵고 쉬운 수준의 구분이 없으므로 될 수 있으면 많은 이야기를 들려주는 것이 좋다. 그림보다 글의 양이 많은 그림책도 상관없고 잔잔한 동요나 이야기를 담은 오디오 테이프도 좋겠다.

0~3개월

0~3개월까지의 영아기 특징을 보면 처음 태어난 아이는 소리에만 민감할 뿐 물체를 또렷이 볼 수도, 색깔을 구별할 수도 없다. 이때 아이들에게 해 줄 수 있는 일은 너서리 라임을 나직이 읊으면서 아이를 어루만져 주거나 흑백으로 된 책을 읽어 주는 것이다.

■ 추천 동화 ■

「Wee Sing for Baby」

 Wee Sing for Baby
- Author: Pamela Conn Beall and Susan Hagen Nipp
- Illustrated by Nancy Spence Klein
- Publication: Price Stern Sloan (1996)

어린아이에게 신체마사지를 해 줄 때나 기저귀를 갈아줄 때 소리에 익숙해질 수 있도록 엄마가 부를 수 있는 너서리 라임과 자장가가 수록되어 있다. 엄마들이 쉽게 배워 사용할 수 있으며 오디오 테이프가 함께 수록되어 있다.

A Child's Treasury of Nursery Rhymes
- Author: Kady MacDonald Denton
- Publication: Kingfisher (1998)

「A Child's Treasury of Nursery Rhymes」

이 책은 영아 단계, 유아 단계, 유치 단계 등으로 아이들의 연령을 나누어 각 단계에서 아이들에게 불러줄 수 있고 같이 부를 수도 있는 너서리 라임을 정리하여 수록하고 있다. 너서리 라임을 단계별로 정리한 것이 큰 특징이다.

Sylvia Long's Mother Goose
- Author: Sylvia Long
- Publication: Chronicle Books (1999)

Sylvia Long's 「Mother Goose」

비교적 최근에 만들어진 책으로 그림 작가인 Sylvia Long은 주로 영아들의 책을 많이 그렸다. 이 책은 아이가 책을 볼 때 엄마와 같이 그림을 보면서 마더 구스 라임을 즐길 수 있는 책이다.

Black on White
- Author: Tana Hoban
- Publication: Green Willo Books (1993)

「Black on White」

흰 바탕에 검은색 삽화로 아이들의 주변에서 흔히 볼 수 있는 사물들을 묘사했다. 특히 색 감각이 아직 형성되지 않은 신생아에게 적합한 책이다. 이외에도 Who are they?, White on Black 등이 있다.

4~6개월

4~6개월까지의 아이들은 물체를 인식하고 뭐든지 손으로 잡아 입으로 빨아보는 경향을 보인다. 책에도 잠깐씩 눈을 돌리며 빨기도 하고 씹기도 하면서 장난감처럼 가지고 논다. 따라서 책은 색깔이 선명한 헝겊책이나 비닐책이 적당하다.

■ 추천 동화 ■

Bunny Rattle
- Author: Cherl A. Harte
- Publication: Random House (1989)

엄마 토끼와 아기 토끼의 놀이를 그린 헝겊책이며, 책에 딸랑이 기능이 있어 이야기를 하면서 책을 흔들어 주면 아이들이 주목한다.

「Yo, Ho, Rubber Duckie!」

Yo, Ho, Rubber Duckie!
- Author: Carol Nicklaus
- Publication: Random House (1999)

　이 책은 물 속에서 노는 오리에 대한 이야기로 비닐책이며, 아이가 목욕할 때 욕조에서 가지고 놀면 색이 더욱 더 선명해진다.

 Pat the Bunny
- Author: Dorothy Kundhardt
- Publication: Golden Books (1940)

「Pat the Bunny」

　1940년 이래 줄곧 아이들에게 사랑을 받아온 이 책은 이 시기부터 아이들에게 계속 보여줄 수 있는 책이다. 책은 양면 구성으로 되어 있으며, 토끼 배를 만지거나, 까꿍놀이(Peek-a-boo)를 하면 그 내용에 맞는 토끼 모양의 그림과 까꿍놀이를 할 수 있는 수건이 붙어있다. 책 안의 까꿍놀이 부분을 중점적으로 아이와 함께 놀이를 해 본다.

7~12개월

　이 시기의 아이들은 손가락으로 물건을 집을 수 있으므로 책장을 넘길 수 있다. 따라서 딱딱한 판지로 된 보드 북이 좋으며 또한 오감이 발달하기 시작하므로 냄새로 사물을 인지할 수 있는 향기 나는 책이나 만져서 사물을 인지할 수 있는 촉감책 등이 적당하다. 또한 이 시기의 아이들은 담요나 수건 밑에 있는 장난감을 찾아낼 수 있으므로 까꿍놀이를 할 수 있는 상호작용책이나 거울을 보는 것을 좋아하므로 거울이 달려 있는 장난감책도 가능하다.

■ 추천 동화 ■

『Scratch and Sniff: FOOD』

 Scratch and Sniff : FOOD
- Author: DK Publishing
- Publication: Dorling Kindersley Publishing(DK) (2000)

이 책은 아이들이 후각을 이용하여 사물을 인지할 수 있도록 만든 책이다. 특히 어린이들이 친숙하게 느끼는 사물로 이루어져 있어서 인지하기가 쉽다.

『Here's a Happy Pig』

 Here's a Happy Pig
- Author and Illustrator: Colin and Jacqui Hawkins
- Publication: Candle Wick Press (1987)

책 속에 작은 구멍들이 돼지 꼬리나 강아지 꼬리에 만들어져 있어서 손을 넣고 돌려 볼 수 있다. 손가락으로 사물을 집기 시작하는 발달 단계에 있는 아이들은 이 책을 통해 손가락의 움직임을 민첩하게 연습할 수 있다.

 Brown Bear, Brown Bear, What Do You See?
- Author: Bill Martin Jr.
- Illustrator: Eric Carle
- Publicatin: Henry Holt (2000)

선명한 색상과 커다란 그림, 라임과 리듬이 느껴지는 문장으로 되어 있는 책으로 어린아이들의 관심을 끌기에 충분하다.

12~18개월

12~18개월 아이들의 특징은 가족 구성원과 친숙한 물건을 알아보며 신체 일부분들을 가리킬 수 있고, 말도 한 두 마디 정도는 따라할 수 있다. 이 시기의 아이에게는 친숙한 인물들이나 사물이 등장하는 컨셉책도 적당하며, 의성어를 흉내낼 수 있으므로 그와 같은 소리가 들어 있는 책도 적합하다.

■ 추천 동화 ■

 Look at Me! Animals
- Author: Lynn Chang
- Publication: Chronicle Books (2000)

「Look at Me! Animals」

아이의 사진을 책 속에 붙여 각종 동물이 되어보게 함으로써 흥미를 줄 수 있다.

 Touch and Feel: Jungle Animals
- Author: DK Publishing
- Publication: Dorling Kindersley Publishing(DK) (2000)

「Touch and Feel: Jungle Animals」

이 시기의 아이들이 좋아하는 동물을 색깔과 촉감으로 구분할 수 있게 만들어진 책이다. 아이들이 좀 더 쉽고 재미있게 동물에 대해 배울 수 있다.

「Freight Train」

 Freight Train
- Author: Donald Crew
- Publication: Harper Collins (2005)

화물기차를 주제로 하여 쓴 책으로 아이들이 좋아하는 기차를 매우 선명하게 그렸으며, 속도감 있는 명암 처리로 아이들의 사랑을 받는 책이다.

「Moo Moo, Brown Cow」

 Moo Moo, Brown Cow
- Author: Jakki Wood
- Illustrator: Rog Bonner
- Publication: Red Wagon Books Harcourt (1991)

아이들의 관심사인 동물들의 소리가 재미있게 표현되어 아이들이 따라 읽기에 적당하다.

「Here Are My Hands」

 Here Are My Hands
- Author: Bill Martin Jr.
- Illustrator: Ted Rand
- Publication: Henry Holt & Company (1998)

신체의 부분을 알려주기에 적당한 책으로 선명하고 대담한 그림은 아이들의 관심을 끌며, 신체 부위를 알려주는 것 이상의 재미와 학습 효과를 줄 수 있다.

 Baby Faces
- Author: Margaret Miller
- Publication: Little Simon (1998)

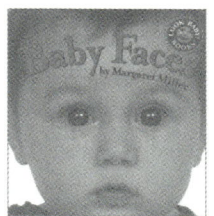
「Baby Faces」

이 시기의 아이들은 아이들 사진이 실린 책을 좋아한다. 이 책에서는 아이들의 다양한 표현을 담아 관심을 끌기에 충분하다. 여러 권의 시리즈로 구성되어 있다.

 Time for Bed
- Author: Mem Fox
- Illustrator: Jane Dyer
- Publication: Red Wagon Books Harcourt Brace & Company (1997)

「Time for Bed」

라임으로 이루어져 있고, 자장가를 대신해서 쓸 수 있는 책이다.

 Good Night Moon
- Author: Margaret Wise Brown
- Publication: Harper Collins Childrens Books (2005)

「Good Night Moon」

아이들은 여러 사물과 Good night 인사를 나누면서 사물의 단어를 자연스럽게 익힐 수 있으며 라임에 대한 감각도 익힐 수 있다.

19~28개월

아이는 첫돌이 지나면서 울지 않고 자기가 원하는 것을 표현할 줄 알게 된다. 돌이 지나면서 한 단어의 의미를 이해하고 말을 하게 되면서 점점 많은 단어로 확장하게 된다.

그리고 이때의 아이들은 모든 사물에 저마다의 이름이 붙어있다는 것을 알게 된다. 같은 물건을 몇 번씩 가리키면서 "이게 뭐야?"라고 질문을 하기도 하는데, 이런 과정을 즐기면서 어휘량이 현저하

게 증가한다. 이때가 아이에게 이중 언어(bilingual)를 시작하기 가장 좋은 적기라고 할 수 있다. 이 시기에 엄마가 계속 영어로 말해 주고 사물과 연관을 지어 생각하도록 유도한다면 아이의 언어 능력은 크게 향상될 것이다. 이 때 할 수 있는 간단한 활동을 먼저 살펴보자.

■ 추천 활동 ■

┃그림책에서 단어 익히기: 사물이 많이 나와 있는 그림 백과 사전류의 책을 보여주면서 사물의 이름을 물어볼 수 있다. 모국어나 외국어나 얼마나 많은 단어를 숙지하고 있는가가 관건이기 때문에 아이의 단어 실력은 영어 학습의 큰 재산이 되며 문장을 말할 수 있는 능력의 기본이 된다. 19~28개월은 아이가 사물을 인지하면서 이름을 외워가는 시기로 모국어나 영어나 같은 상황이다.

┃Bedtime Story: 12~28개월의 아이는 사실 산만하고 활동적이기 때문에 엄마가 아이의 시선을 잡을 수 있는 시간이 채 10분을 넘지 못한다. 잠자기 전 20분 정도는 아이와 함께 누워 책을 읽어 주는 것이 좋다. 그리고 자기 전 엄마의 목소리로 자장가를 불러주면 좋다. 이때 적당한 책들은 "Pat the Bunny"와 "Good Night Moon"이 있다. 그리고 자장가로는 "Rock-a-bye baby"가 있다. 그리고 잠자기 전 약간 특이한 잠재우기 방법으로 운동을 시키고 재울 수 있는 "Ten Little

『ABC보다 먼저 배우는 영어 동요 P.66 Ten Little Monkeys』

Monkeys Jumping on the Bed"가 있는데 침대 위에서 뛰며 챈트도 부를 수 있다. 책 내용과 똑같이 침대에서 뛰게 해 주고, 1~10까지의 숫자도 함께 공부해 본다.

▎**Bath Time Story:** 아이가 집중을 가장 잘 할 수 있는 시간인 목욕 시간에 비닐책을 갖고 놀게 하면서 활용할 수 있는 단어와 문장을 알려준다. 시중에 여러 가지의 비닐책이 나와 있는데 아이를 함께 데리고 가서 좋아하는 비닐책을 고르게 하면 좋다. 거품을 가지고 머리에 모양을 만들어 보는 Princess 또는 Prince 놀이, Snowman, Butterfly 등을 만들며 아이들과 즐겁게 놀 수 있다.

「Caterpillar's Wish」

▎**인형 놀이:** "Caterpillar's Wish"(애벌레의 꿈)이란 책이 있다. 이 책에는 애벌레와 벌, 무당벌레가 나오는데, 마지막에 애벌레가 나비로 변하는 내용으로 그림도 아주 단순하다. 보드지에 벌과 나비 무당벌레를 그려서 색칠을 하거나 색종이를 붙인다. 거기에 나무젓가락을 붙여 간단한 인형을 만들어 본다. 애벌레는 집에 초록색이나 연두색 양말에 못 쓰는 스타킹을 넣어서 만들 수 있다. 만든 인형들을 가지고 놀다보면 "Caterpillar's Wish"에 나오는 대사를 아이들이 저절로 외우게 된다.

▎**손가락 인형 놀이:** 서점이나 아이들 장난감 가게에 가면 손

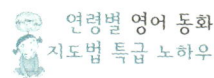

가락 놀이 도구와 영어 연극 대사를 구입할 수 있다. 원하는 인형을 보드지에 그려서 잘라 목장갑 손가락 마디에 붙이거나 가족 사진을 붙여 놓고 노래나 연극을 가르칠 수 있다.

■ **추천 동화** ■

Food
- Photos by John Barret
- Publication: Children's Television Workshop (2000)

여러 종류의 음식 중 건강에 좋은 음식을 알아보는 내용의 동화이다.

Baby Food
- Author: Margaret Miller
- Publication: Little Simon (2000)

아이들이 여러 음식을 먹는 사진이 수록되어 있으며 특히 지저분하게 먹는 아이의 모습이 이 시기 아이들의 눈길을 끈다.

기타 책 소개
- Have You Seen My Duckling?
- Five Little Monkeys Jumping on the bed
- Five Little Ducks
- Is Your Mama Lama?

- Are You My Mother?
- Does a Kangaroo Have a Mother, too?
- The Very Hungry Caterpillar
- Noah's Ark
- Curious George
- Elmo

 30~50개월

동화책을 이용한 영어 지도야말로 따로 말이 필요 없을 정도로 좋은 방법이지만, 아이가 워낙 책을 좋아하지 않는 경우라면 먼저 아이가 책을 좋아하게 하기 위한 방법이 필요하다. 아이가 좋아하는 것

이 주인공으로 나오는 책을 아이에게 보여 주는 것도 좋은 방법이다. 예를 들어 아이가 자동차를 좋아한다면 "Cars and Trucks"를 사 주고, 책에 관심을 가질 때까지 기다린다. 좋아하는 책은 아이가 읽어달라는 대로 한 권을 10번이고 20번이고 반복해서 읽어 준다. 추천 동화는 다음과 같다.

『Cars and Trucks and Things That Go』

■ 추천 동화 ■

- I Went Walking
- Where Does the Brown Bear Go?
- What Mommies Do Best, What Daddies Do Best?
- Little Clous
- Rosie's Walk
- Inside, Outside, Upside Down
- The Pig in The Pond
- Where's The Cat?
- Roll Over
- Guess How Much I Love You
- Papa Please Get the Moon for Me
- Little Gorilla
- Caps for Sale
- The Grouchy Ladybug
- Corduroy
- The Crocodile and Dentist

 **5~7세**

아이가 5~7세가 되면 본격적인 책 읽기에 도전할 수 있다. 이때는 한글도 어느 정도 읽고 쓸 수 있기 때문에 영어도 이때 학습하면 훨씬 쉽다. 우리 뇌에 있는 언어 습득 장치도 이 시기에 활발하게 작동한다. 아이들은 이미 모국어에서 습득한 언어의 원리를 거의 모든 언어에 적용하여 비교분석 조합하면서 자연스럽게 터득한다. 이것은 모음이고 저것은 자음이고 주어 뒤에 동사가 와야 하고 여기서는 형용사 뒤에 부사가 와야 하고 등등의 설명 없이도 빠른 아이들은 4~5세에도 한글을 떼므로 아이의 능력에 맞게 책 읽기를 시작하면 된다.

취학 전인 5~7세경에는 다양한 학습 자료를 활용하여 아이들이 동화를 흥미를 가지고 감상할 수 있게 지도하는 것이 바람직하다. 아래의 동화 자료는 대표적인 것들로서 교육적이고 활용가치가 높은 것들이다.

■ 추천 동화 ■

- Elmer
- Mr. Gumpy's Outing
- Owl Babies
- The Story of the Little Mole
- The Rainbow Fish
- The Runaway Bunny

엄마들이 알아야 할 동화 읽어 주는 요령

단계	동화 읽어 주는 요령
1	엄마는 아이와 함께 하루를 정리하는 잠자리에서 아이에게 재미있는 이야기나 교훈적인 이야기를 들려주는 습관을 들인다.
2	엄마는 동화를 읽기 전에 동화책의 겉표지, 그림, 제목 등에 대하여 이야기한다. 동화 제목에 관계된 이야기를 들려 준다.
3	엄마는 아이가 엄마의 정성과 사랑을 느낄 수 있도록 연극하듯이 온몸으로 동화를 읽어 준다. 엄마는 내용의 흐름을 중시하여 읽고, 단어 하나하나에 신경 쓰지 않고 읽어 준다.
4	엄마는 아이와 마주보면서 읽거나 함께 읽을 수 있으면 함께 읽도록 한다.
5	엄마는 가끔 아이가 상상으로 눈을 감고 듣거나 예측으로 줄거리를 만들면서 듣게 한다.
6	엄마는 읽고 난 후에 아이가 이야기를 순서대로 배열할 수 있게 한다. 엄마는 읽고 난 후에 이해력을 높이는 질문을 아이에게 한다. 엄마는 아이가 흥미 있어 할 때 질문을 하고, 대답을 하고 나면 칭찬과 보상을 해준다. 엄마는 아이가 들은 동화 내용을 다음 날 그림이나 찰흙 만들기 등으로 표현하게 한다. 엄마는 동화에 나타난 새로운 단어를 설명하거나 반대말을 묻는다.
7	엄마는 동화나 재미있는 이야기를 아이 자신의 말로 이야기하게 한다.
8	엄마는 아이에게 일기나 그림 일기로 동화를 읽은 느낌을 그리고 쓰게 한다.

말하기와 쓰기를 통해 '나'를 표현하기

- 말하기와 쓰기에 규칙 현상을 활용하라
- 상호작용 놀이로 시작하는 말하기
- 아이들은 자신의 표현으로 재현하기를 좋아한다
- 엄마는 침묵하고 아이는 말한다
- 유창하게 말하라
- 아이들은 보여주면서 설명하는 것을 좋아한다
- 아이들은 의인화된 소재를 가지고 이야기하기를 좋아한다
- 아이는 자신의 감정을 말이나 그림으로 표현하고 싶어한다
- 의미있게 반복적으로 연습하라
- 창의적으로 말할 수 있게 동기 부여를 하라
- 영어 쓰기를 통해 자기 표현을 하게 하라
- 단계적 쓰기 지도 기법
- 전략적인 쓰기 놀이

말하기와 쓰기에 규칙 현상을 활용하라

아이는 언어 습득 장치를 가지고 태어나기 때문에 한정된 몇 개의 규칙을 터득하면 무한한 수의 문장을 만들어 낼 수 있다. 즉 취학 전 아이가 터득하는 규칙은 유한하나, 실제 대화에서 사용하는 문장은 창의적이고 무한하다. 일단 아이가 한 언어를 터득했다는 것은 그 언어의 발음과 문장 규칙을 숙달했다는 의미이다. 아이가 한 언어의 문장 규칙을 터득하면, 처음 듣는 표현의 문장도 쉽게 이해하게 된다. 따라서 어느 정도 영어를 듣고 말할 줄 알면, 규칙을 스스로 터득하여 창의적으로 활용하게 유도해야 한다. 아이의 문법은 씨앗과 같아서 한번 피어나면 자라서 탐스런 영어 나무가 된다. 귀여운 우리 아이의 탐스런 영어 나무를 어떻게 만들 수 있을까?

처음에는 단어 지도, 다음에는 **통문장 지도**를 가르치는 식으로 단계적으로 난이도를 높여가는 것이 좋다. 아이는 빠르면 8개월부터, 보통 16~18개월부터는 단어를 습득하여 말을 시작하는데, 한 단어를 가지고 질문도 만들고 서술문도 만들고 감탄문도 만들어 음률과 함께 의사소통을 하기 시작한다. 이 때 엄마는 아이에게 처음에는

통문장 지도 관련 사이트
http://www.pdictionary.com
영어 및 불어, 독일어, 이탈리아어, 스페인어의 단어를 그림과 함께 제시하는 사이트

"Cookie?" "Cookie." "Cookie!" 등으로 한 단어를 활용한 의사소통을 시도해야 한다. 즉, 아이에게 알맞은 아기 대화(baby talk)를 해야 한다.

그 단계가 지나서 빠르면 18개월, 보통은 24개월 경부터 두 세 단어를 활용하여 의사소통을 하기 시작하는데, 이때 아이들은 단어와 단어를 연결하여 의미 있는 통문장 대화를 한다. 이 시기의 아이는 반복되는 단어와 단어의 연결을 주시함으로써 어떤 규칙 현상을 터득하게 되는데, 이런 현상을 통문장 습득이라고 한다. 이때 아이에게 규칙을 가르치면 무한한 수의 통문장을 생성하여 자신이 원하는 표현을 창의적으로 말할 수 있다.

초기 사용 빈도가 높은 단어들	지도 절차와 유용한 자료
mommy, no, yes, hi, thanks, okay, stop, here, hello, ice-cream, cheese, gum, chocolate, chicken, baby, daddy, papa, oh, my, son, shopping, cable, let, gas, night, school, miaow, preschool, kitty, tailor, cereal, orange, juice, horse, TV, car, monkey, airplane, ball, laundry, stair, up, down, upstair, study, grocery, macaroni, big, small, turn, parking, tape, check, tire, amen, picnic, exercise, birthday, truck, brown, garden, church, uncle, aunt, bye, see, you, later, vitamin, Mr, Miss, Mrs, one, two, three, four, five, six, seven, eight, nine, ten, seventeen, nineteen, water, elevator, Scotch tape, hello, what, why, floor, bath, Indians, tiger, many, toy, cookie, gone, pen, telephone, book, want, need, lion, penny, pig, puppy, boat, kiss, fork, knife, finger, daddy, lamb, rabbit, radio, bus, potato, coat, wagon	1단계: 한 단어 활용 대화 http://www.teflgames.com 2단계: 두 단어로 대화 3단계: 통문장으로 대화 http://www.manythings.org http://www.tampareads.com http://www.uiowa.edu

▶ 초기 한 단어로 의사소통되는 어휘들

말하기와 쓰기에
규칙 현상을
활용하라

문장 구조 규칙의 활용은 창의력의 보고이다. 18개월 경에 아이들이 처음으로 단어들을 나열하기 시작할 때는 아무렇게나 나열하기도 하고 어떤 규칙 현상에 따라 표현하기도 한다. 미국 아이의 경우 "*eat Daddy"라고 말하기보다는 "Daddy eats"라고 말하는 아이가 많은 이유는 주변 환경에서 어른들이 이야기하는 규칙을 터득하거나 통문장으로 반복하여 말하는 직감을 가지고 태어나기 때문인 것이다. 아이들은 어른이 말하는 현상을 잘 듣고 여러 가지 가능한 어순을 규칙적으로 적용한다.

말하기와 쓰기를 통해 '나'를 표현하기

규칙현상이 담긴 통문장 지도는 보약과 같다. 영어권의 아이들이 규칙 동사의 굴절 -ed를 터득하면, 모든 동사에 규칙을 적용하여 사용한다. 처음에 "*Daddy eated"라고 규칙적으로 eat에 -ed를 첨가하여 사용하다가, 나중에 "Daddy ate"라고 사용한다. 처음에 "*Mommy goed(또는 wented)"라고 go나 went에 -ed를 첨가하여 규칙적으로 사용하다가 나중에 "Mommy went"라고 말한다. 이렇게 처음에는 -ed를 첨가하여 틀리게 사용하다가 나중에 어른이 사용하는 규칙 현상을 자연스레 습득하게 되는 것이다. 아이들은 규칙을 습득하기를 좋아하거나, 통문장을 흡수하기를 좋아한다. 일단 터득한 규칙을 자신의 것으로 활용하는 천재성을 가지고 있기 때문이다.

통문장 지도란 단어만 가르치지 않고 그때그때 유용한 표현을 아이들이 활용할 수 있게 훈련시키는 과정을 가리킨다. 예를 들어, 아침인사를 "Morning!"이라고 아이에게 할 수도 있지만, 자연스럽게 "Good morning." 그 다음에는 "How are you?" 그리고 "How are you doing?"등 통문장으로 인사를 하는 표현을 익히게 한다. 또한 아빠가 아이에게 처음에는 "Mommy, where?"라고 단어를 활용하여 물을 수 있으나, "Where is mommy?"처럼 통문장으로 질문을 하도록 한다. 아이들이 규칙 습득 과정에서 오류를 말하는 것은 지극히 정상이다. 잘못된 단어 선정, 문장 구성을 통하여 바른 단어 선정과 문장 구성으로 발달한다. 아이들의 영어는 다음 표와 같은 단계를 거쳐 발달한다.

단계	연령	유아 영어 규칙 터득 내용	지도 방법
옹알이	0~12개월	옹알이로 반응하는 시기 (Nursery Rhyme & Mother Goose)	반복 어휘 지도 EX) mama, dada
한 단어	12~18개월	단어를 활용하여 서술문, 의문문, 감탄문 등 의사소통 가능	한 단어 의사소통 지도 EX) Mom? Dad!
두 단어	18~24개월	두 단어로 불규칙인 문장을 생성하기	통문장 지도 시작 EX) Hello! Good morning.
다 언어	25~36개월	두 단어 이상의 단어를 조합하여 다양한 통문장을 만들기 시작하기	통문장 응용 지도 EX) How are you?
통문장	36개월 이상	의사소통을 위한 통문장 지도 단계	창의적 대화 지도 EX) How are you doing? Fine, thanks./I'm fine.

▶ 유아 영어 규칙 터득 단계

참고 사이트

http://www.mamalisa.com
세계의 너서리 라임과 노래를 소개

http://www.kididdles.com
마더 구스 모음 사이트

http://abcteach.com
아이, 부모, 학생, 교사 등 누구나 이용할 수 있는 학습자료 제공 사이트

http://www.funbrain.com
만화와 영화로 재미있게 학습

http://www.nickjr.com
다양한 액티비티와 게임을 소개

아이들이 36개월 이상이 되면 동화를 활용하여 영어를 지도하는 것이 더 효과적이다. 예를 들어, 동화 "Today is Monday"에서 요일과 음식의 이름이 등장하는데, 그 표현을 통하여 영어의 규칙적인 리듬과 억양에 재미를 붙일 수 있다. 아이들이 실생활의 소재에서 발견할 수 있는 생활 영어를 통해 요일마다 동물들이 다른 음식을 먹고 있는 것을 알게 되고, 아이가 오늘은 며칠이고 무슨 요일인데 무엇을 먹고 있는지, 어제는 무슨 요일이었는데 무엇을 먹었는지, 내일은 무슨 요일인데 무엇을 먹을 것인지에 대한 시간 감각과 시제와 문법 규칙을 자연스럽게 익힐 수 있다.

엄마가 아이에게 "Today is Thursday."(오늘은 목요일이야) "What day was it yesterday?"(어제는 무슨 요일이었지?)라고 물으면,

「Today is Monday」

아이는 "It was Wednesday."(수요일이었지요)라고 대답한다. 다시 엄마가 "What day will be tomorrow?"(내일은 무슨 요일일까?)라고 물으면, 아이는 "It will be Friday."(금요일 일 거예요)라고 대답한다. 그래서 Today는 is와 결합하여 현재 요일을 말하고, Yesterday는 was와 연결하여 과거 요일을 말하며, Tomorrow는 will be와 연결하여 미래 요일을 말하는 규칙을 자연스럽게 터득하게 되는 것이다.

규칙 현상을 익히기 좋은 동화들

Who will help? (Rozanne Lanczak Williams, Creative Teaching Press)
이 책에는 같은 표현이 반복하여 나온다. 엄마가 Who will help?(누가 도와줄래?)를 이용하여, Who will help me cut the apples?(누가 사과 깎는 것을 도와줄래?)라고 물으면, 아이는 Not me.(저는 아니에요)라고 말한다. 엄마는 Who will help me cook the apples?(누가 사과 요리를 도와줄래?)라고 물으면, 아이는 Not me.(저는 아니에요) 라고 말한다. 이런 식으로 계속 같은 문형의 문장을 재미있게 물어 보면서 아이들이 익숙해지도록 하는 것이 조기 영어 학습에 효과적이다. 마지막에 엄마가 Who will eat the apples?(누가 사과를 먹겠니?)라고 물으면, 아이는 Me.(저요)라고 말한다.

Brown Bear, Brown Bear, What Do You See? (Bill Martin jr, Eric Carle, Henry Holt)
이 책에도 같은 문장의 문형이 계속 반복하여 나온다. Brown Bear, Brown Bear, what do you see?(갈색 곰아, 갈색 곰아, 너는 무엇을 보니?)라고 물으면, I see a cat looking at me.(나를 쳐다보고 있는 고양이를 본다)라는 문형이 반복하여 나와서 아이들이 같은 문형의 반복이지만 등장하는 동물들이 각각 다르기 때문에 재미있게 내용을 읽어 내려간다. 엄마와 아이는 그것을 반복적인 대화로 연결할 수 있다.

상호작용 놀이로 시작하는 말하기

아이를 지도하는 영어 학습법 중에 **자기 표현 기법(Self Talk)**이란 것이 있는데, 아이가 하고 싶은 표현을 엄마가 대신 해주면 아이는 엄마의 말을 모방하여 표현하는 것을 말한다. 어린아이가 영어를 막 습득할 때는 어휘 부족, 문장 구사 능력 부족 등 여러 가지 제약 때문에 자신이 표현하고자 하는 말을 제대로 표현하지 못할 수도 있다. 이런 문제를 해결하는 방법은 아이가 표현하고자 하는 말을 엄마가 대신 해 주어서, 아이가 엄마의 표현을 듣고 자기 말로 이야기하게 하는 것이다.

어린아이에게는 엄마와 함께 하는 상호작용 놀이나 역할놀이가 효과적인 영어 연습 방법 중 하나이다. 이런 역할 놀이 훈련 과정을 통하여 엄마와 혹은 친구와의 관계가 바람직하게 형성되고 언어의 창조적인 훈련이 가능해지기 때문이다.

단계	학습 활동 기법	활동 내역	비고
1	자기 표현 기법	아이가 표현하고자 하는 내용을 엄마가 이야기해 주기	엄마의 유도
2	반복하기	아이가 엄마의 이야기를 따라 말하기	아이 주도
3	자신의 표현으로 재현	엄마로부터 들은 이야기를 자신의 표현으로 재현하기	아이의 주관적 표현
4	상호 이야기 기법	엄마와 아이가 문답식으로 이야기 나누기	상호 의견 교환
5	의사소통 기법	실생활에 적용하기	실생활 표현

▶ 상호작용을 통한 말하기

　　　상호작용(Interaction)이란 엄마와 아이 사이의 상호 의사소통 과정을 가리킨다. 때론 문답식 대화를 통하여 엄마와 아이 사이에 대화가 이루어지고, 때로는 엄마의 설명을 아이가 들음으로써 상호작용이 이루어진다. 반대로 아이가 엄마에게 설명하는 과정을 통하여 상호 대화가 이루어진다. 상호작용 놀이의 장점은 의사소통 능력을 키울 수 있다는 점이다. 특히 이것은 말의 다양한 기능을 연습하는 과정을 통해서 이루어진다. 즉, 인사하는 기능, 감사하는 기능, 사과하는 기능, 부정하는 기능 등 다양한 언어의 기능을 터득하는 과정을 통해 상호작용 과정을 향상시킬 수 있다.

　　　이런 상호작용 과정은 실제 어떻게 이루어질까? 엄마가 이야기해 준 내용을 아이가 따라 말하거나 자신의 표현으로 다시 말해보거나 실생활에서 문답식으로 주고 받는 과정 속에서 상호작용이 이루어지게 되는 것이다.

아이들은 자신의 표현으로
재현하기를 좋아한다

자신이 듣고, 읽고, 느낀 것을 자신의 말이나 글로 표현하고자 하는 것은 모든 아이들의 기본적인 욕구이고 본성이다. 그런 특성을 **말로 재현하는 것**을 영어로는 "**retelling**"이라고 하며, **글로 다시 표현하는 것**을 "**reproduction**"이라고 한다. 아이는 누구나 타고난 언어학자요, 과학자요, 언어 습득의 천재이다. 아이들은 새로운 사실을 터득하면 그것을 바탕으로 표현하고 싶어 한다. 그래서 아이들은 문자를 터득하면 그 배운 문자를 활용해 무엇이든지 표현하고 싶어 한다.

예를 들어, 아이는 종이에 무엇인가를 적어서 비행기를 만들어 엄마에게 보낸다. 엄마는 그 비행기를 펼쳐 보고 웃는다. 종이에 "Mom, I'm hungry."라고 적었거나 배고파하는 모습을 그려 보냈기 때문이다. 아이가 문자를 터득하면 자신의 생각을 자신의 표현법에 따라 적어서 활용하거나 장난기를 섞어서 나타내고자 한다. 이런 아이의 특성을 잘 활용하기 위해 엄마는 다시 "I'm hungry, too." 혹은 "Let's have lunch."라고 아이가 원하는 것을 적어서 주면 아이들도 좋아한다. 아이가 터득한 문자를 기초로 한 표현을 적어서 의사소통을 하면 아이는 문자의 위력을 느낄 뿐만 아니라 쓰기 능력 신장에도 도움이 된다.

단계	재현 기법	영어 학습 유도와 효과
1	그림책을 보고 한 단어나 그림으로 그려 보기	유도적 표현
2	이야기를 듣고 자신의 문자로 써 보기	유도적 자기 표현
3	그림 일기 쓰기	일상적 자기 표현
4	알림장이나 보고서 작성하기	정보 제공 표현
5	그림이나 사진을 말이나 글로 묘사하기	기술적 표현
6	동화를 듣고 말로 재현하거나 글로 표현하기	창의적 자기 표현

▶ 아이의 특성을 활용한 쓰기 기법

이런 아이의 특성을 활용하는 쓰기 기법 중에는 다음과 같은 것들이 있다. 첫째, 아이들은 그림책을 보고 무슨 내용인지 한 단어나 그림으로 표현하거나 적어 보기가 있다. 그림책의 글을 읽고 난 후에 그 내용이나 감상한 요지를 그림이나 글자, 또는 문장으로 재현한다. 둘째, 이야기를 듣고 자신의 느낌을 문자로 표현하게 한다. 어느 주제를 설정하고 자신의 뜻을 그림으로 그리거나 글로 쓴다. 셋째, 그림 일기를 그리거나 쓰기 기법이 있다. 매일 하루에 있었던 일을 간단한 그림이나 영어 문자로 표현하게 한다. 넷째, 알림장이나 보고서 작성 기법이 있다. 특정한 분야에 대하여 관찰한 내용을 기초로 그림이나 보고서를 작성하게 한다. 예를 들어, 곤충을 좋아하는 아이라면 곤충에 관한 간단한 보고서를 자신이 아는 단어 범위 안에서 써 보게 한다. 다섯째, 재미있는 사진이나 그림을 묘사하는 기법이 있다. 사진이나 그림에 담긴 내용을 전달하게 하며 그 내용을 글로 적게 한다. 마지막으로 엄마는 아이에게 들려주는 재미있는 동화 이야기를 아이가 잘 아는 단어나 문장으로 바꾸어서 표현하게 한다.

이런 재현 과정은 아이의 언어 발달과 사고력 신장에 핵심적인 역할을 한다. 아이는 배운 내용을 그대로 다 외워서 전달할 수 없기 때문에 이해하는 맥락을 잘 포착하여 자신의 말로 바꾸어 전달한다. 이런 과정은 아이들의 언어 발달과 인지 및 사고 발달에 도움을 준다. 아이가 학교에서 돌아왔을 때, 학교에서 있었던 일, 공부한 것, 느꼈던 것을 재현하게 하는 것은 학습에 대한 복습 효과가 있을 뿐만 아니라 아이의 창의력과 표현력을 신장시키는 중요한 역할을 한다. 이런 맥락에서 아이가 잠자기 전에 그림 일기를 쓰는 것도 하루 생활의 재현과 반성의 의미가 담겨있기 때문에 바람직한 학습 효과가 있다.

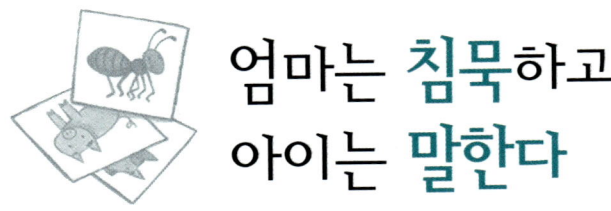

엄마는 침묵하고 아이는 말한다

언어 습득 과정에서 아이는 어른과 여러 가지 면에서 다르다. 그 중에 하나는 아이들은 언어를 습득할 때 새로운 단어나 문장을 들으면 곧바로 스스로 연습을 한다는 점이다. 즉 아이가 선천적으로 지니고 있는 자기주도적인 학습 태도는 언어 습득의 가장 강력한 요인이다. 이런 특성은 아이들이 무수히 많은 의문과 새로운 세계에 대한 탐구심에 가득 차 있기 때문에 가능한 일이다. 아이들은 스스로 문제를 제기하고 해결하기를 좋아한다. 이런 아이들의 언어 습득 특성은 **침묵식 교수법**(Silent way)이라는 지도 절차의 축을 이루고 있다.

침묵식 교수법은 1963년에 가테그노(C. Gattegno, 1963)가 개발한 방법인데, 그에 따르면 효과적인 학습은 학습자들이 단순히 배운 내용을 기계적으로 암기하는 것보다는 학습자들이 스스로 뭔가를 발견해내려고 노력하는 가운데 이루어진다고 한다.

단계	학습 활동	학습 효과	비고
1	대화 모형 제시	아이 스스로 표현	규칙 제시
2	자기 표현하기	자기의 의사를 단어 혹은 구로 표현하기	재현 연습
3	간단한 동화 활용하여 대화 환경 조성하기	엄마는 아이에게 대화를 많이 하게 하기	언어 습득 환경 조성
4	학습 도구를 활용하여 동화 감상하기	엄마는 전달하고자 하는 내용을 암시적으로 표현, 아이는 스스로 자기 창의적 표현	창의적인 표현
5	동화 활용 의사소통 하기	아이 자신이 감상한 동화를 활용하여 자신이 감상한 내용을 이야기하기	의사소통 실현

▶ 침묵식 교수법

　　이 교수법의 특징은 첫째, 엄마는 **최소한의 대화 모형**만 보여 주고 아이가 스스로 표현하게끔 유도하는 것이다. 아이는 자기 주도적인 언어 능력을 발휘할 수 있기 때문에 스스로 어떤 문장이나 단어를 활용하여 의사소통을 할 수 있다. 둘째, 엄마로부터 들은 동화 이야기를 활용하여 아이 자신이 감상한 내용을 **스스로 표현**하게 한다. 셋째, 아이가 **자유스런 분위기**에서 동화에 대한 자신의 전달 내용을 표현하게 한다. 넷째, 학습 초반에는 **다양한 학습 도구**를 활용하여 말하기를 유도하고, 단어 모음집을 활용하여 읽고 쓰는 연습을 하게 한다. 다섯째, 엄마는 되도록 말을 적게 하고 아이는 감상한 동화 내용에 대해 **되도록 말을 많이 하게** 한다.

유창하게 말하라

아이들도 어른들처럼 영어를 배워 원어민과 원활한 의사소통을 하고 싶어 한다. 따라서 조기영어교육은 아이들에게 가능한 한 많은 상호작용을 하게 해 주는 것이 좋은데, 이런 상호작용이 아이들의 유창성(fluency) 향상과 정확성(accuracy) 습득에 도움을 주기 때문이다.

상호작용은 오디오와 비디오를 통해서 향상될 수 있지만, 상호작용의 빈도에 따라서 유창성 향상 정도가 달라진다. 아이를 위한 의사소통 학습이란 아이의 발달 단계에 맞게 언어를 터득하게 하고 그 터득한 말을 사용하도록 하는 과정이다. 아이의 유창성이란 성인 모국어 화자가 말하는 것처럼 거침없는 외형적 언어표현을 의미하는 것이 아니라 아이 수준에 알맞은 언어 터득 정도를 활용하여 자연스럽게 의사소통하거나 표현하는 과정을 의미한다.

영어권의 아이들도 11세까지 계속 발음, 단어, 문장 구조를 익히고 있다. 다시 말해서 영어권 아이들도 틀린 표현과 발음을 하지만 계속해서 교정해가고 있다는 것이다. 그래서 어린아이의 발달 수준에 알맞게 표현하는 것을 어린아이의 유창성이라고 말한다.

    이런 연습은 특정한 언어 항목의 기계적인 연습이나 조작적인 연습이라기보다는 유의적인 말하기 연습이나 **정보차 연습(information-gap drills)**을 통한 훈련을 말하고 있다. 정보 차이를 이용한 연습은 실생활에서의 대화와 비슷한 상황을 제시하고 두 아이가 혹은 엄마와 아이가 서로 다른 정보를 가진 다음 각각 가지고 있는 정보를 교환하는 과정을 통해서 영어 대화 연습을 하는 것을 말한다. 아이가 현재 이야기하고 싶은 개인적인 이야기를 하게 하는 것도 효과적인 의사소통 학습 방법 중 하나이다. 아이의 관심사나 혹은 가정에서의 역할 등에 대하여 서로 묻고 대답하는 과정을 통하여 아이들의 의사소통 능력이 향상된다.

유창성과 정확성

유창성(fluency)은 언어 사용에 초점을 둔 개념인 반면, **정확성**(accuracy)은 문법적인 표현이나 용법의 바른 사용에 초점을 둔 용어이다. 유창성은 정확성을 포함할 수도 있는 반면에 정확성은 유창성을 포함하지 않는 경우가 있다. 정확성은 정오(正誤)의 기준에 의하여 결정될 수 있는 척도이나, 유창성은 언어 발달 단계에 따라 그 기준이 다를 수 있으며 아이의 수준에 따라 등급이 조정될 수 있다. 과거 문법을 중요시 여기던 영어 교육에서는 정확성을 강조하여 지도하였으나 현재 의사소통을 강조하는 영어 교육에서는 유창성을 강조하면서 아이가 영어를 배우는 중에 틀리는 것을 두려워하거나 나무라지 않는다. 오히려 아이가 영어를 배우는 동안에 틀리는 것을 발달 과정상의 당연한 문제라고 본다.

아이들은  보여주면서 설명하는 것을 좋아한다

민지네 부모는 어떻게 하면 민지에게 가족의 소중함을 일깨워 주고 부모를 공경하는 마음을 갖게 할 수 있을까 고민을 하고 있었다. 그러던 중에 민지 아빠가 미국에 무역일로 출장을 갔다가 미국인 사업 파트너들을 만나서 이런 저런 회의를 한 후, 저녁에 간단한 파티에 초대되었는데 한 미국인 파트너가 지갑 속에서 가족 사진 두 장을 꺼내서 열심히 설명을 하는 모습을 보았다. 그때 민지 아빠는 민지에게도 가족 사진을 가지고 다니게 하면 가족의 소중함을 느낄 뿐만 아니라 외국인을 만났을 때 이 사진을 가지고 영어로 말해 볼 수 있겠다고 생각했다. 얼마 후, 민지를 동네 영어 학원에 보냈는데, 그곳에서 민지가 가족 사진을 보여 주면서 자랑스럽게 영어로 이야기하는 것을 보고 민지의 부모님은 속으로 무척 기뻤다. 민지 아빠가 민지에게 가족 사진을 어떻게 소개했는지 묻자 민지는 "This is my father. I love him. This is my mother. She is a teacher. It's me."라고 말했다고 한다.

아이들은
보여주면서 설명하는
것을 좋아한다

단계	Show and Tell 활동	영어 습득 효과	비고
1	가족 사진 보여주고 말하기	가족 이름 익히기	가족애 신장
2	학교 친구, 지역 사회 친구 사진 보고 말하기	주위 인물 친구 소개	인성 함양
3	읽은 동화 보여주고 말하기	언어의 다양한 표현	언어 습득
4	그림 감상하면서 말하기	의견 표현하기	언어 직관 배양

▶ 보여주면서 설명하는 활동의 효과

아이가 자신이 가장 잘 알고 있는 사실을 보여주면서 설명(Show and tell)하는 기법은 효과적인 언어 훈련 과정 중 하나이다. 자기 자신의 사진이나 가족 사진 또는 지역의 이야기가 담긴 사진을 가지고 상대방에게 설명하는 것은 아이의 언어 표현력을 향상시키는 지름길이다. 엄마나 선생님은 아이 자신이 가지고 있는 이런 정보를 다른 사람과 함께 공유한다는 기쁨을 아이가 느끼도록 노력해야 하고, 아이가 가진 발표력을 향상시키도록 해야 한다. 아이가 새로운 정보를 발견하여 자신의 것으로 만든 다음에 그것을 항상 다른 사람에게 설명하는 태도를 기르도록 하면, 영어 교육 뿐만 아니라 언어 생활 지도에 긍정적인 영향을 줄 것이다.

미국의 초등학교 발표 시간에 가장 많이 하는 활동 중에 하나는 아이가 공공장소에서 자신의 의사를 조리 있고 논리적으로 표현하는 연습을 하는 것이다. 이런 연습을 할 때, 발표력 향상을 위한 과정으로 보여주면서 설명하는 기법을 활용한다. 아이는 사실과 자신이 이미 알고 있는 정보를 기초로 이야기하기 때문에 아이의 표현력 지도에는 아무런 문제가 제기되지 않는다. 따라서 가정에서 엄마가 아이와 할 수 있는 여러 가지 표현 기법 중에서 보여주면서 이야기하기는 효과적인 영어 지도 기법이다.

- This is my family.
- This handsome man is my father. He is a farmer.
- This is my mother. She is a teacher.
- My uncle is a doctor. He is kind and brave.
- My aunt is a teacher. She is diligent.
- My cousin, Minsu has a dog. It's white and little.

▶ 가족 사진 설명의 예

아이들은
의인화된 소재를 가지고
이야기하기를 좋아한다

아이들은 항상 엄마나 어른들에게 재미있는 옛날 이야기를 해 달라고 조른다. 아이들은 이야기를 좋아하고 신기한 동물과 식물의 세계, 우주의 세계에 대한 경이심을 가지고 있다. 아이는 같은 내용이라도 의인화된 동물의 이야기, 짐승의 이야기, 나무의 이야기 등을 실제처럼 상상하면서 듣고 이야기하기를 좋아한다.

예를 들어, "옛날 옛적에 호랑이 할아버지와 호랑이 할머니가 살았는데…(Once upon a time there lived…)"라고 짐승의 세계를 의인화하여 들려주면 아이들은 재미있게 듣고 슬퍼하거나 기뻐하거나 노여워하거나 좋아하는 모습을 보인다. 이처럼 엄마는 재미있는 의인화된 이야기 소재를 바탕으로 아이에게 외국어 교육을 하는 것이 매우 효과적이다. 영어를 처음 대하는 아이들이 친근감을 갖고 학습할 수 있도록 아이들 주변에서 일어날 수 있는 동물이나 사물들의 일을 주요 소재로 선정한 영어 동화를 찾아 읽어 주는 것도 좋다. 이런 이야기 속에 아이가 알아야 할 영어의 기본 문형이 녹아들어 있다면 최고의 학습 교재라 할 수 있다.

항목	다양한 소재 활용 이야기 지도 기법	영어 학습 효과	비고
1	동물, 짐승, 나무 이야기를 의인화	대상과 대화하는 효과	상상력 배양
2	인형을 활용하여 이야기	대화의 폭 확대	자기 표현
3	다양한 동화 읽고 이야기	재현 능력 배양	언어 발달 급속 증가
4	동화, 기록물, 잡지 활용 이야기	어휘력 증대	지식 정보 확대

▶ 다양한 소재를 활용한 이야기 지도법과 효과 (http://www.realbooks.co.uk)

아이는 자신의 감정을 말이나 그림으로 표현하고 싶어한다

아이는 처음에 엄마나 아빠의 목소리를 모방하는 것을 좋아한다. 그리고 가족의 목소리를 하나씩 익히면서 흉내를 낸다. 그래서 아이는 가족의 축소판이요 지역 방언의 답습자이다. 처음에는 다른 사람이 말하는 것을 따라하기를 좋아하다가 그 다음에는 자신의 감정을 표현하고자 한다. 그러다가 아이가 손을 움직일 수 있으면 뭔가 잡고 그리거나 쓰기를 좋아한다. 그런 행위가 발달하면서 아이가 문자를 인식하면 그 글자를 활용하여 자신의 감정을 표현하고 싶어 한다.

이런 아이의 특성을 활용한 받아쓰기는 쓰기의 기본이며 청각 청해 정도를 측정할 수 있는 좋은 척도이다. 아이들은 그림 모양과 함께 소리(sound), 단어(word), 문장(sentence), 대화(dialogue) 순으로 모양을 인식하거나 그리거나 받아쓰기를 연습하면 효과적이다. 아이들은 모양이나 그림을 인식하기를 특히 좋아한다. 모양이나 그림은 구체적이고 사실적이기 때문이다. 이런 그림이나 모양에 익숙해지면 곧 문자를 인식하거나 쓰기를 좋아한다. 그래서 어린아이는 문자를 인식하기(recognition), 문자를 모방하기(imitation), 반복하기(repetition), 다양화하기(variation)의 과정을 통해서 자신의 감정을 나타내거나 표현력을 높이고 있다. 아이의 언어는 아래 표와 같은 단계를 거쳐 발달한다.

단계	단계명	특징	비고
1	인식 단계	모양이든지 문자든지 암기하고 말하기	모방 표현하기
2	모방 분석 단계	문자를 분석하여 무엇인가 표현하기	창조적 표현하기
3	다양화 단계	모양이나 문자를 독립적으로 파악하기	독립적 표현하기
4	표현 단계	한 언어를 다양한 표현 능력으로 발전하기	창조적 표현하기

▶ 아이 언어의 표현 발달 단계

첫째, 처음에 아이는 모양이든 문자든 **암기하고 말하기**를 좋아하고, 둘째, 그 모양이나 문자를 **분석하여 무엇인가 표현하기**를 좋아하며, 셋째, 각 모양이나 문자를 **독립적으로 파악하여 나타내기**를 좋아한다. 이런 과정을 거쳐 아이의 글쓰기가 이루어진다는 점을 기억하면서 표현 지도를 하는 것이 좋다. 마지막으로 아이 **자신의 생각을 자신의 어휘로 표현하는 것이 최종적인 의사소통 모형의 목표**이다. 아이는 이러한 인식, 모방, 표현 단계를 거쳐서 외국어로서 영어를 터득하게 된다.

의미있게 반복적으로 연습하라

아이가 어릴수록 엄마 말을 잘 듣고 말도 잘 따라한다. 아이들이 크면 엄마 말도 안 듣고 제멋대로 행동한다. 사실 이렇게 엄마 말을 잘 듣고 의미있게 반복할 수 있는 시기가 언어를 숙달하기 가장 좋은 시기이다. 아이들은 스스로 다른 사람의 말의 모형을 모방하면서 언어를 터득한다. 그래서 이런 말의 모형을 모방하는 특성을 활용한 교수 방법이 **청화교수법**(Audio-lingual approach)이다. 이 방법은 아이가 습관적으로 말의 표현에 익숙해지도록 반복 훈련시키는 것이다. 이런 습관 형성을 위해서는 같은 문형을 연습하되 의미 있는 반복 훈련을 해야 한다. 그래서 모국어와 외국어의 언어 구조를 대조 분석하여 그 차이점을 중점적으로 훈련시킨다.

  이 교수법은 언어를 기술로 보고 듣기, 말하기, 읽기, 쓰기의 순서로 가르쳐야 한다고 믿는다. 인간의 두뇌는 백지상태와 같아서 자

> **청화교수법**
> **(Audio-lingual approach)**
> 청화교수법은 행동주의 이론에 따라 모방, 반복, 강화, 습관형성, 연습을 강조하는 지도방법이고 특히 듣기와 말하기를 강조하는 교수 학습 절차이다.

극과 반응의 반복적인 문형 연습에 의해서만 언어를 학습할 수 있다고 강조하고 있다. 이 모형은 특히 반복 학습을 위한 목표를 확실히 제시하고 그에 알맞은 연습을 하면 창조적인 발화를 할 수 있다고 본다.

굴절 변화란?
복수변화(예: puppy→puppies), 3인칭 단수변화, 현재진행형 등과 같은 단어의 변화를 가리킨다. 그러나 품사와 뜻은 변하지 않는다

항목	반복 유형	발화 연습 예시	비고
1	반복	A: I am a baby. B: I am a baby.	단순 반복
2	굴절 반복	A: I have a puppy. B: I have puppies.	문법적 반복
3	대치 반복	A: Mom bought this doll cheap. B: Mom bought it cheap.	다의적 반복
4	재진술 반복	A: Tell mom to wait for me. B: Wait for me.	재현
5	완성	A: I'll go my way and you go _____. B: I'll go my way and you go home.	창의적 반복
6	대치	A: I'm hungry. B: So am I.	부가적 반복
7	확장	A: I love a puppy. B: I don't love a puppy.	부가적 확장
8	축약	A: Put your hand on the table. B: Put your hand there.	경제적 언어 반복
9	변형	A: You are there. B: Are you there?	변형 반복
10	통합	A: Mom likes you. Dad likes you. B: I know. They like you.	재창조적 반복

▶ 창의적 반복 훈련의 예시

단순 반복은 쉽게 잊어버리고 아이들의 머리에 정착이 안 될 수도 있다. 그러나 의미 있는 반복이란 창조적 반복이므로 오래 기억에 남게 된다. 위에 제시한 반복 기법은 의미 있는 창의적 반복 훈련의 예들이다. 위와 같은 반복 연습 작용을 통하여 아이는 다양한 표현을 터득하고, 그 다양한 표현을 통하여 의사소통 기능이 향상된다.

창의적으로 말할 수 있게 동기 부여를 하라

엄마는 아이가 말을 하도록 촉진하며, 아이는 엄마가 말하는 것에 반응한다. 아이가 태어난지 2개월이 지나면 목을 펄쩍 펄쩍 들어 올리며 좋아하는 표정을 한다거나 말에 가까운 옹알이를 하기 시작한다. 옹알이의 빈도수는 9~12개월 경이면 최고에 이르게 된다. 이때 엄마의 반응이 아이의 발화를 촉진시킨다. 특히 12개월 경이 되면 "mama, dada, papa" 등과 같은 어느 나라 아이에게나 발생되는 공통적인 옹알이 식 발화를 한다. 이런 옹알이 식 발화는 아이의 첫 단어로 연결된다.

수준	활동 중심 과제명	성취 가능율	효과
기초	챈트와 노래	99%(성취 탁월)	아이의 리듬과 박자, 발음 학습에 탁월한 효과
초보	짝 활동	95%(성취 최우수)	아이의 상호작용은 사회성 학습에 효과
보통	놀이	90%(성취 우수)	아이의 정서 향상에 효과
우수	역할극	85%(성취도 높음)	대화를 활용한 창의적 학습 활동 효과
최우수	게임	80%(성취 가능)	의사소통 활동 향상과 성취감 효과

▶ 취학 전 아이의 말하기 활동과 성취 수준

발화(utterance)란?
소리를 내어 말을 하는 현실적인 언어 행위

참고 사이트

http://www.mamalisa.com
너서리 라임과 노래를 소개

http://abcteach.com
아이, 부모, 학생, 교사 등 누구나 이용할 수 있는 학습 자료 제공

http://www.bbc.co.uk/cbeebies
스토리, 라임, 노래, 게임 등을 귀여운 그림과 함께 제공

http://www.enchanted-learning.com
외국어, 생물, 역사 등 광범위한 학습 자료 소개

사실(fact)을 말하고, 다음에는 의견(opinion)을 '창의적으로' 말하는 연습을 하라. 아이에게 질문을 할 때 '예(Yes)' 혹은 '아니오(No)' 같은 묻기부터 훈련한 다음, 차츰 자신의 생각을 말하는 의문문으로 넘어간다. 처음에는 아이가 사실에 대한 정확한 판단을 하도록 지도한다. 엄마가 "Is this a dog?" 하면 아이가 "Yes, it is."라고 사실을 말하게 한다. 아이는 사실을 터득하는 과정을 무척 흥미 있어 한다. 이런 연습을 하고 난 후 자신의 의견을 창의적으로 표현하는 과정이 바람직하다. 엄마는 의문사로 질문을 할 때에도, 있는 사실을 물어보는 질문을 하고 그 다음에 아이의 의견을 창의적으로 말하게 유도해야 한다. 엄마가 아이에게 "Is it snowing outside?"라고 사실을 확인하는 질문을 하면, 아이는 "Yes, it is."라고 대답한다. 그리고 엄마는 "Is it cold or warm?"이라고 묻는다. 이때 아이가 따뜻하게 느끼면 "It's warm."이라고 말하고 춥게 느끼면 "It's cold."라고 대답한다. 혹은 "Cold, cold, it's too cold." 혹은 "It's not colder than yesterday."라고 창의적으로 말하도록 유도한다. 만약 엄마가 아이에게 "Go to Daddy,... tell... bring a cup."이라고 명령하면, 아이는 아빠에게 가서 "Bring a cup."이라고 엄마 말을 전달하는 대신 "Mommy wanna a cup."이라고 말하면서 더 창의적으로 표현하도록 유도하거나 동기를 부여해야 한다.

인간은 앵무새가 아니기 때문에 자신의 의견을 창의적으로 말하는 연습이 필요하다. 그래야 논리적, 추상적 사고가 형성될 수 있다. 즉 창조적인 대화의 기본은 서로 자신의 의견을 나누는 것이다. 창의

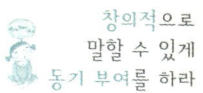

적인 말하기 연습 과정과 그 효과는 첫째, **사실 확인 연습**, 둘째, **의견 교환 연습**, 셋째, **창의적 대화 연습**으로 발전시켜 가면서 아이의 영어 발달이 급진적으로 향상된다. 이와 관련된 예시는 다음 표에 나타나 있다. 다음의 각 연습 과정을 통하여 언어 발달의 효과도 각 단계별로 다르게 나타난다.

단계	활동명	창의적 대화 내용	언어 발달과 학습 효과
1	사실 확인 연습	A: Is this a dog? B: Yes, it is.	사실 정보 파악과 동기 부여 (인칭, 시간, 공간의 기본 언어 형성)
2	의견 교환 연습	A: Is it cold or warm? B: It is cold.	인지 언어 발달과 동기 부여 (질, 보존성, 소유화, 구체화 개념 언어)
3	창의적 대화	A: Is it snowing outside? B: Yes, it is. 　Is it cold or warm? A: It's warm.	창의적 의사소통 기능 발달 (유추, 가정, 분류, 보존 언어)

▶ 창의적 말하기 연습의 과정 및 효과

각 단계별 동화 예시

• **1단계**
What Am I?: Looking through Shapes at Apples and Grapes (N.N. Charles, The Blue Sky Press)

• **2단계**
The Little Red Hen (Juith Bittinger, Addison Wesley)

• **3단계**
Wake Me in Spring (James Preller, Scholastic)

영어 쓰기를 통해
자기 표현을 하게 하라

아이가 쓰기에 호기심을 갖게 되면, 아이는 벽에다 낙서를 하기 시작할 것이다. 이때는 아이가 마음대로 낙서를 하게 하는 것이 창의적인 자기 표현의 지름길이다. 엄마는 아이에게 무조건 쓰기를 시키는 것보다 눈으로 쓰고자 하는 대상을 충분히 익히도록 한다. 그런 다음 그 익힌 것을 써 보게 한다. 처음에는 선 긋기, 동그라미 그리기, 자기 이름, 엄마 이름, 아빠 이름, 영어 철자, 주위에 보이는 단어를 쓰게 한다. 마지막에는 그림과 단어를 함께 쓰게 한다.

쓰기는 아이의 자발적인 자기 표현이다. 아이는 움직이거나 걸으면서 혹은 손을 놀리면서 뭔가 쓰고자 하는 욕구를 느낀다. 쓰기란 본능적인 행위이기 때문에 그 쓰려고 하는 욕구를 문자 지도에 적용하도록 유도해야 한다. **그리기**도 창조적 쓰기 표현의 일부이다. 아이들이 제일 좋아하는 것은 벽에 낙서를 하거나 그림을 그리는 것이다. 그 다음은 메모지에 글씨를 쓰는 일이다. 유아 때 말을 시작하면서 낙서를 하다가 점차 그 낙서를 자기 의견을 표현하는 방법으로 사용하려고 한다.

단계	쓰기 활동 지도	학습 효과	비고
1	그림책 보고 낙서하기	철자 인식	언어 인식
2	전체 내용 한 단어로 표현하기	의미 파악 능력 신장	언어 발달
3	그림 일기 쓰기	상상력 신장	인지 발달
4	알림이나 관찰 표현하기	사실 보고력 신장	사고력 신장
5	사진이나 그림 내용 묘사하기	논술 능력 신장	인지 언어 종합 능력 신장

▶ 쓰기 활동 지도의 예시

다음 과정으로 영어 쓰기를 통하여 자기 표현을 시켜보자. 첫째, 그림책을 보고 낙서하거나 무슨 내용인지 한 철자로 표현하게 한다. 둘째, 전체 내용을 한 단어로 써 보게 한다. 그리고 이야기를 듣고 느낌을 문자나 그림으로 표현하게 한다. 셋째, 그림 일기를 그리거나 간단하게 써 보게 한다. 넷째, 관찰한 내용을 그림이나 글씨로 쓰게 한다. 다섯째, 가족 사진이나 그림을 창의적으로 혹은 논리적으로 글자로 표현하게 한다. 아이는 새로운 사실을 터득하면 그것을 낙서하고 싶어한다. 그래서 아이는 문자를 터득하면 무엇이든지 쓰고자 한다.

쓰기 활동은 또한 아이의 운동 신경 발달에 영향을 주는 매우 중요한 과정이다. 쓰기 활동을 향상시키기 위해서는 손목의 원활한 작동을 시켜주는 근육의 역할이 매우 크다. 그 손목 근육의 활동은 젓가락 사용으로 인하여 잘 발달하는데, 그 결과 우리나라의 컴퓨터 칩 산업이 발달했고, 양궁과 골프에서 우리나라 선수들이 세계 1등을 차지하는 등 우리나라 사람들은 손으로 하는 운동이나 제품 생산에서 무엇이든지 섬세하게 잘 할 수 있게 되었다. 따라서 쓰기 활동은 기술, 운동 신경 발달, 지능 발달에 좋은 효과를 가져올 것이다.

단계적 쓰기 지도 기법

쓰기는 문자 지도에서 없어서는 안 될 중요한 언어 기능 활용 과정이다. 쓰기는 언어 기능에 대한 이해의 정도를 확인시켜 준다. 모국어 쓰기 지도와 영어 쓰기 지도 사이에는 약간의 차이가 있을 수 있다. 일반적으로 영어 쓰기 지도는 주로 알파벳 쓰기 지도, 단어 쓰기 지도, 문장 쓰기 지도, 짧은 글 쓰기 지도로 나누어 생각할 수 있다. 이제부터 쓰기 지도를 할 수 있게 하는 기본적인 기법을 소개하고자 한다.

단계	활동명	쓰기 활동 내용
1	알파벳 쓰기 활동	알파벳 철자를 쓰거나 그리기 http://www.jayzeebear.com
2	단어 쓰기 활동	엄마의 모습을 묘사하는 단어를 읽고 모방하기 http://www.funbrain.com/spell/index.html
3	다양한 쓰기 활동	그림일기, 메모, 이메일, 쪽지 쓰기 http://kididdles.com
4	쓰기 활동 다양화	짧은 글 쓰기와 놀이를 통한 글쓰기

▶ 쓰기 지도 기법

알파벳 쓰기 지도

알파벳은 인쇄체 대소문자와 필기체 대소문자로 되어 있는데, 각각의 모양이 약간씩 다르므로 인쇄체 대문자를 먼저 지도하고 소문자를 지도한 후, 익숙해지면 필기체 대문자를 지도하고 소문자를 지도하도록 한다. 알파벳 쓰기 지도 단계는 첫째, 알파벳의 각 차이점 알기, 둘째, 손가락으로 써 보기, 셋째, 몸 자세와 손으로 연필 쥐는 연습하기, 넷째, 수직선과 사선과 동그라미 그리기, 다섯째, 알파벳의 인쇄체와 필기체의 차이점을 파악하기, 여섯째, 순서대로 알파벳 쓰기를 해 본다.

단어 쓰기 지도

단어 쓰기 지도는 읽기와 발음하기를 연결하여 지도하는 것이 효과적이다. 아이들이 이미 배워서 친숙한 단어를 문자로 써 보게 하고, 읽고 말하게 한다. 쓰기 지도 단계는 첫째, 단어의 발음 소리 듣기, 둘째, 단어를 실제 읽기, 셋째, 발음을 듣고 단어 쓰기, 넷째, 쓴 단어를 다시 읽기, 다섯째, 불규칙적인 변화 현상을 갖고 있는 단어(예: go → went)를 읽고 쓰는 과정으로 한다.

다양한 문장이나 대화 받아쓰기 지도

문장을 잘 듣고 이해한 다음 그 문장을 문자로 옮겨 적게 한다.

그리고 대화를 잘 듣고 그 내용을 파악한 다음에 문자로 옮겨 쓰고 그 문자를 읽어 보도록 한다. 문장 쓰기 단계는 첫째, 문장 내용을 듣고 이해하기, 둘째, 문장을 받아쓰기, 셋째, 문장을 다시 읽어보기, 넷째, 문장을 다시 써 보기, 다섯째, 문장의 기법에 따라 알맞게 썼는지 확인하기의 과정을 밟는다.

짧은 글짓기 지도

아이들이 가지고 있는 생각을 짧은 글로 묘사하는 것을 말한다. 짧은 글을 쓰는 형태는 문단 쓰기, 일기 쓰기, 편지 쓰기, 보고서 쓰기 등이 있다. 아이들이 일기를 매일 영어로 써 보는 습관은 영어 실력 향상에 큰 도움을 준다.

주제	쓰기 내용 및 지시 사항	새 단어 지도 자료
Color	See it. Say it. Write it. Read it. Color the picture/word. An apple is _____. A tree is _____. A chick is _____. A lake is _____.	red green yellow blue
Size	See it. Say it. Write it. Read it. A bird is _____. An elephant is _____. A mouse is _____. A hippo is _____.	big little
Riddles	Read each riddle. Draw a line to the right picture/word. 1. I am green. I can go fast. I am a _____. 2. I am fast. I can run. I am a _____.	snake horse

▶ 쓰기 내용 및 지시 사항의 예

전략적인 쓰기 놀이

전략적인 쓰기 놀이에는 어떤 방법이 있을까? 소리 내면서 쓰기, 아이와 함께 쓰기, 안내적 쓰기, 혼자 쓰기 등이 가능하다. 가정에서 엄마는 아이들에게 다음과 같은 기법으로 쓰기 지도를 할 수 있다.

항목	쓰기 활동	학습 효과	비고
1	소리 내어 쓰기	학습 집중력 향상	학습 태도 형성
2	함께 쓰기	흥미와 동기 유발	정서적 함양
3	안내적 쓰기	기능적 쓰기 능력 향상	의사소통 능력 함양
4	혼자 쓰기	창작 능력 향상	논술 능력 습득

▶ 전략적인 쓰기 놀이의 예

소리 내어 쓰기(Writing Aloud)

아이의 주의를 집중시키고 쓰기의 다양한 측면을 보여주기 위한 좋은 방법이 소리 내어 쓰기이다. 소리 내어 쓰기란 엄마가 아이 앞에서 글을 쓰면서 엄마가 쓰는 것을 소리 내어 읽는 것을 말한다. 아이들이 엄마의 쓰는 행동을 관찰할 때 엄마는 자신이 쓰고 있는 형식, 지면 배정, 띄어쓰기, 철자법, 구두법, 어휘 선택 등을 분명히 해야 한다. 엄마는 사고의 과정을 문자 언어로 나타낼 뿐 아니라 자신이 쓰고자 하는 바를 말로도 표현한다. 이러한 과정에서 아이들은 음성 언

어와 문자 언어를 연결시키게 된다.

🐸 함께 쓰기(Shared Writing)

함께 쓰기는 엄마와 아이가 협동적으로 글을 쓰는 것이다. 이 때 아이는 자신의 생각을 말로 표현하고 엄마는 받아써 주는 역할을 한다. 이런 함께 쓰기는 아이에게 쓰기의 힘을 보여주는 가장 직접적이고 연관성 있는 방법이다. 함께 쓰기에서 쓰기는 아이와 엄마가 함께 즐겁게 토의하고 결정한 주제를 타협하는 과정이다.

🐸 안내적 쓰기(Guided Writing)

안내적 쓰기는 소리 내어 쓰기, 함께 쓰기와는 달리 아이들이 직접 쓰기를 시도하는 것을 말한다. 안내적 쓰기에서 엄마는 아이들이 나타내고자 하는 것을 어떻게 의미 있게 나타낼 수 있는지를 발견하도록 돕는 촉진자의 역할을 한다.

🐸 혼자 쓰기(Independent Writing)

아이들이 엄마의 개입이나 평가 없이 주도적으로 쓰는 것이다. 혼자 쓰기의 목적은 아이들이 망설임 없이 자발적으로 쓰는 습관을 형성하여 쓰기 능력을 증진시키는 것이다. 또한 쓰기와 개인적인 경험을 연결시키고 글자의 의미를 탐구하며, 비판적 사고를 증진시켜 쓰기를 스스로 선택한 즐거운 활동으로써 인식하게 하는 것이다.

놀이와 게임으로 신나게 영어 배우기

- 놀이와 게임 활용, 왜 효과적일까?
- 의사소통 능력 향상을 위한 놀이와 게임

놀이와 게임 활용, 왜 효과적일까?

영어를 처음 접하는 아이들에게 보다 쉽고 흥미롭게 영어를 느끼게 하기 위해서는 그들의 호기심과 감각을 자극시킬 수 있는 학습 방법이 필요하다. 언어는 가르치는 것이 아니라 사용함으로써 배우는 것이므로 학습자에게 언어를 학습하고 있다는 의식없이 자연스럽게 습득할 수 있는 언어 학습 상황을 만들어줘야 한다. 이런 점에서 놀이(play) 활동이나 게임(game), 다양한 시청각 매체를 적절히 활용하는 것은 자연스럽게 영어를 익히고 사용하는 데 아주 효과적인 방법이다.

의사소통 능력을 신장시키기 위한 방법으로 아이들에게 말할 기회를 주어도 아이들은 여러 사람 앞에 나서서 말하기를 꺼려하고, 설령 말한다고 해도 실수할지도 모른다는 두려움 때문에 제대로 반응하기를 꺼려한다. 만약 아이들이 느낄 수 있는 부끄러움이나 불안감을 없애고 좀 더 적극적으로 참여시킬 수 있는 지도 방법이 있다면 의사소통 능력을 신장시키는 데 더 효과적일 것이다. 바로 이런 방법들 중의 하나가 놀이와 게임이다. 따라서 이런 놀이와 게임을 활용한 영어 학습 지도는 아이의 수준에 따라 적절하게 선택할 수 있는 방법이며 언어 습득 초기 단계의 아이들에게 아주 적합하다고 할 수 있다.

첫째, **놀이와 게임은 영어 학습에 대한 흥미를 지속시키고 동기를 유발하는 좋은 수단이 된다.** 언어를 가르치는 일은 즐거워야 하는데 게임은 이러한 즐거움을 제공해 줄 수 있다. 또한 지루함을 없애주고 학습자에게 영어 학습에 흥미를 갖게 한다. 놀이와 게임은 이처럼 즐겁게 수업할 수 있는 분위기를 만들어줄 뿐만 아니라 학습자에게 긍정적인 동기유발을 가능하게 한다.

둘째, **놀이와 게임은 배운 영어를 의미 있게 연습하거나 사용할 수 있는 다양한 상황을 제공한다.** 따라서 아이는 게임을 통하여 의사소통 상황과 경험을 배우게 되고 이를 통해 더욱 효과적으로 언어를 습득할 수 있다.

셋째, **놀이와 게임은 영어의 기능과 구조, 문법, 어휘 등을 가르치는 데 적절히 사용될 수 있다.** 즉, 게임은 언어 형식의 반복되는 기능을 제공할 뿐만 아니라 정보와 의견을 동시에 전달함으로써 언어 학습을 살아있는 의사소통 과정으로 이해하게 하는 기회를 함께 제공한다.

넷째, 놀이와 게임은 아이의 참여도를 높이고 학습 상황에서 느끼는 아이의 부담감을 줄일 수 있다. 그 밖에도 놀이와 게임은 집중력이 짧고 학업 성취도와, 학습 의욕이 낮은 유아들에게 두려움 없이 수업에 참여할 수 있게 해준다. 이와 같이 놀이와 게임은 아이들이 학습에 능동적으로 참여하게 해주며 흥미와 동기를 유발시키고 이를 통해 성취감을 느낄 수 있는 등 여러 가지 긍정적인 효과가 있다.

그러나 아이 영어 학습의 흥미와 동기유발을 위해 놀이와 게임을 적용할 때 놀이와 게임에 대한 선택 기준이 반드시 있어야 한다. 그 이유는 아이들이 영어 시간을 노는 시간으로 쉽게 생각할 수 있기 때문인데, 사실 게임은 오락으로써 그치는 것이 아니라 영어 교육의 보조 수단으로써 학습 목적을 달성할 수 있게 해 주는 데 목적이 있다. 그래서 영어 공부의 생동감과 더불어 게임의 즐거움을 느낄 수 있도록 엄마는 적합한 게임을 선택해야 한다. 소재도 아이들의 흥미와 호기심을 유발할 수 있도록 일상생활에서 친숙한 것을 사용하고, 음성언어 학습에 도움이 되는 것을 선택하도록 한다. 다만 아이들의 발달 과정과 수준, 흥미 등을 고려하여 개인 생활, 가정 생활 및 의식주에 관한 것을 선정하는 것이 좋다.

계획을 세울 때에는 재미나 흥미에 앞서 언어적인 측면을 제일 먼저 고려해야 한다. 실제로 가르쳐 보면 게임을 통해서 아이들을 일관성 있게 이끌어 나가기란 무척 어렵다. 그러므로 한 주제에서 다음 주제로 건너뛰는 식으로 이것저것 인기 있는 게임을 하기보다는 한 가지 뚜렷한 주제를 정해서 그것에 초점을 맞추도록 해야 한다.

또한 놀이와 게임을 선택할 때 다양한 게임 목록을 준비해서 같은 놀이나 게임을 자주 되풀이하지 말아야 한다. 아이들은 자신들이 능숙하게 할 수 있는 게임을 선호하겠지만 지나치면 싫증을 내게 된다. 그러므로 한 가지 게임을 너무 반복해서 하는 것은 피해야 한다.

의사소통 능력 향상을 위한 놀이와 게임

의사소통 활동은 엄마가 단어나 구문을 설명하고 아이들에게 연습시키는 활동을 의미하는 것만은 아니다. 가정에서 의사소통 활동을 하려면 엄마와 아이 간에 다양한 상호 활동을 해야 한다. 이런 상호 활동을 위해 어떤 놀이와 게임을 선택하는 것이 좋을까? 다양한 놀이와 게임 중에서 몇 가지만 살펴보고자 한다.

항목	게임 활동	학습 효과
1	기억 게임	단어 기억에 효과적이고, 초보 학습에 필수적임
2	그림 게임	인지 능력과 정서 능력 함양
3	카드 게임	사고력과 순발력 향상
4	보드 게임	지도를 통한 위치 판단력 향상
5	추측 게임	지능 발달 능력 향상
6	정보 교환 게임	지식 정보 능력 향상
7	참/거짓 게임	상황 판단 능력 향상
8	노래 부르기 게임, 챈트	정서 함양
9	동작 위주의 게임	신체 발달 함양

▶ 의사소통을 위한 놀이와 게임의 종류

기억 게임(Memory Game)

이 활동은 아이의 기억력을 토대로 한 게임의 유형으로 그림 내용 기억하기, 관찰한 물건 적거나 이름대기, 문장 전달하기 등이 있다.

그림 게임(Picture Game)

이 활동은 각종 그림을 사용한 게임으로 그림을 비교하거나 대조하기, 그림간의 차이점과 닮은점 찾기, 설명한 순서에 따라 그림 배열하기, 그림 설명을 듣고 그 그림을 찾거나 그리기 등을 통해 영어를 익힌다. 이 게임은 소심해서 말하기를 꺼려하는 아이에게 특별히 도움을 준다.

카드 놀이와 게임(Card Play & Game)

이 활동에서 아이들은 카드를 모으고, 나누어 주고, 교환하고, 분류하고 세어본다. 카드는 게임을 할 때 특별한 의미나 가치를 지닐 수도 있고 혹은 단순히 어떤 물건이나 행동을 나타내는 역할을 하기도 한다. 카드는 또한 다른 종류의 게임 구성요소가 되기도 한다.

보드 게임(Board Game)

이것은 정해진 길을 따라 말을 움직이는 게임을 말하는데, 게임에 쓰이는 보드는 만들기 시간에 아이들과 함께 만들면 더 좋다. 주사

위를 던져서 나온 그 주사위의 지시에 따라 보드 위에서 말을 움직이면 된다.

🐸 추측 게임(Guessing Game)

이 활동은 어떤 사람이 알고 있는 사실을 모르는 사람이 추측을 통해 알아맞히는 게임으로 숨긴 물건의 위치 알아맞히기, 만져보고 물건 알아맞히기, 흐릿한 물체의 이름 맞히기 등이 있다.

🐸 정보 교환 게임(Information Exchange Game)

이 놀이와 게임은 개인적 감정과 경험 및 정보를 서로 나누는 활동 유형으로 사용되는 언어는 집 밖의 실제 상황과 유사한 것으로 이름 기억하기, 취미 알기, 설문하기, 전화 통화, 개인적 의견 말하기 등의 활동을 포함한다.

 ### 참/거짓 게임(True/False Game)

이 활동은 어떤 사람이 말한 문장이 참인지 거짓인지를 구별하는 게임으로 다양한 내용과 수준에서 적절하게 사용될 수 있는 게임이다. 예를 들면 올바른 문장은 반복하기, 틀린 문장은 고쳐주기, 잘못 설명한 곳 찾아내기 등이 있다.

 ### 노래 부르기와 챈트 놀이(Song & Chants)

노래 부르기와 챈트 놀이는 동작 위주의 놀이이다. 아이들과 함께 노래와 챈트 부르기, 따라 부르기, 짝을 나누어 부르기 등을 할 수 있다.

동작 위주의 게임(Action Game)

동작 위주의 게임은 아이들이 몸을 활발히 움직여야 하는 게임을 말한다. 모방 행동하기, 손 동작 따라하기 등 배운 영어 단어나 문장과 함께 하는 게임이다. 동작 위주의 게임들은 일반적으로 아이들을 흥분시키므로 각별히 주의 깊게 지켜보아야 한다.

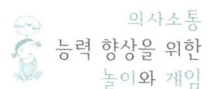

이상에서 살펴본 것처럼 게임에는 다양한 유형이 있으므로 엄마는 영어 지도 상황과 아이의 수준에 알맞게 효과적으로 사용할 수 있도록 게임을 선택해야 한다.

놀이와 게임을 할 때, 사전 준비를 하자

- 엄마 자신이 게임에 대한 확신이 없는 상태에서 게임 법칙을 혼동하거나 당황해 하면 아이들은 산만해지거나 혼란에 빠지게 된다. 충분히 그 게임에 대해 이해해야 하며 게임이 어떻게 진행되는지를 알아야 한다.

- 엄마가 게임 전에 준비할 수 있는 것들로는 우선 아이들이 알고 있는 친숙한 어휘나 노래 등을 사용하여 이해가 쉽도록 해야 한다. 엄마는 마임(mime)이나 시범 설명(demonstration)을 풍부하게 제시하여야 한다. 시간이 허락한다면, 새로운 게임을 소개하기에 앞서 미리 다른 사람과 함께 혹은 혼자서라도 한번 게임을 해 보면 좋다.

- 다양한 놀이와 게임은 영어 지도에서 효과적인 방법이다. 그래서 Jane Willis(1996)는 제 2언어 학습자들에게 어휘와 구문에 대한 지식이 필요하다고 보고 최소한의 문법을 다루되 의미를 중심으로 하는 과제를 제공하여 언어를 자연스럽게 습득할 수 있게 해야 한다고 주장하고 있다. 따라서 아이들에게는 익숙하고 쉬운 단어를 단계적으로 제시하는 다양한 게임을 활용하는 것이 효과적이다.

인터넷 활용과 영미문화 지도하기

- 인터넷을 활용하라
- 영어교육만큼 중요한 영미문화교육
- 외래어를 영어 학습 자료로 잘 활용할 수 있다
- 영미문화의 비언어 생활을 주목하라

인터넷을 활용하라

외국어를 배울 때 가장 중요한 것은 영어 환경에 얼마나 노출되느냐에 있다. 영어 환경을 제공해 줄 수 있는 좋은 도구 중의 하나가 바로 인터넷이다. 인터넷은 아이들이 놀 수 있는 거대한 영어 놀이터이다. 최근 조사에 의하면, 우리나라 취학 전 아이들의 52%가 인터넷을 활용하고 있다. 사실 인터넷을 활용한 유아 영어 교육이 인기를 끌고 있는 것도 자기주도적인 학습 태도를 길러준다는 이유 때문이다. 물론 인터넷에는 영어 노래, 게임, 놀이, 역할극, 연극, 동화, 동시 등 아이들에게 필요한 다양한 동영상 정보가 가득하기 때문이기도 하다. 자, 그럼 이제부터 인터넷을 체계적으로 활용해 보자.

유아 영어 포털 사이트를 최대한 활용하라

아이에게 영어 지도를 처음 시작하려면 유아 영어 포털 사이트를 이용하는 것이 가장 효과적이다. 영어 포털 사이트에는 수준별로 구성된 유아 영어 전문 교육 프로그램이 듬뿍 담겨있기 때문이다. 알파벳, 동화, 동시, 자장가, 챈트, 노래, 역할극, 놀이, 게임을 활용하여 파닉스를 익힐 수도 있다. 듣기, 말하기, 읽기, 쓰기 등 의사소통 기능을 향상시켜 줄 수 있는 의사소통 기능 정보와 자료가 가득하다. 아이의 연령층에 따라 접할 수 있는 사이트들이 국내에도 100여 개나 있다. 이곳에는 아이들을 위한 각종 유명 외국 사이트가 링크되어 있어 일일이 주소를 찾아다녀야 하는 불편과 번거로움을 덜어주고 있다.

연령 별	영어 사이트 내용	참고 사이트 자료
1세경	초보 수준 아이에 알맞은 유아 활동의 사이트 (너서리 라임, 자장가, 챈트, 노래, 유아놀이)	http://KiDiddles.com
2세경	듣기와 말하기를 통해 아이의 단어 능력을 연습시킬 수 있는 사이트	http://www.kids.warnerbros.com http://www.pdictionary.com/ http://abcteach.com/directory/basics/flashcards/
3세경	단어 놀이, 동화, 동요, 라임, 만화 등을 풍부하게 제시하는 사이트	http://disney.go.com http://www.mamalisa.com/house/diddle.html
4세경	게임이나 역할극을 통한 영미문화 이야기	http://www.ctw.org http://www.primarygames.com/reading.htm
5세경	창작 동화, 전래 동화, 이솝 동화, 위인전 이야기	

▶ 연령별 유아 영어 사이트 정보

만화와 놀이 사이트를 최대한 활용하라

영어를 처음 시작하는 아이들이 영어를 배우기 위해서는 우선 만화 영어와 친해져야 한다. 다양한 만화 주인공들의 영어를 재미있게 듣고, 따라서 말해 보는 동안 저절로 영어를 인식하게 되고, 말하기는 물론 읽고 쓰는 표현력도 자연스럽게 터득하게 된다. 예를 들어, 강아지 스누피 집(http://www.snoopy.com), 월트 디즈니(http://www.disney.go.com), 워너브러더즈 키즈(http://www.kids.warnerbros.com), PBS 키즈(http://www.pbs.org/kids)에서는 미국의 어린이 공영방송(PBS) 사이트로서 텔레토비, 바니, 노디, 아서 등의 주인공들을 만날 수 있다. 세서미 스트리트(http://www.ctw.org)에서도 유명한 만화 속

강아지 스누피 집
http://www.snoopy.com
귀여운 스누피와 친구들의 이야기를 만화와 게임으로 만나볼 수 있다.

워너브러더즈 키즈
http://www.kids.warnerbros.com
워너브러더즈에 나오는 영화 속 캐릭터들을 통해 재미있게 영어를 배울 수 있다.

의 주인공들과 함께 영어를 체계적으로 배울 수 있다. 미국에서 거주하는 아이들처럼 재미있고 효과적으로 영어를 배울 수 있다.

그림 영어 사전 사이트를 최대한 활용하라

처음 영어를 배우거나 영어 학습에 관심을 갖기 시작한 유아나 초등 저학년 아이들에게 영어 사전은 여간 낯설지 않다. 빽빽하게 들어찬 글씨들과 딱딱한 편집이 오히려 영어에 싫증을 느끼게 할 수도 있다. 그래서 아이에게 알맞은 그림 영어 사전 사이트를 찾는다면 유용한 자료가 될 것이다. 예를 들어, "Little Explorers"는 A부터 Z까지 알파벳 순서대로 나와 있는 인터넷 그림 영어사전이다. 영어 단어의 발음, 뜻, 쓰임을 스스로 찾을 수 있어서 영어 공부를 처음 시작하는 아이들이라도 쉽게 단어를 익힐 수 있다. 그러나 아이들이 사이트를 활용할 때 유의할 점이 몇 가지 있다. 하나는 유해 사이트에 감염되지 않게 부모가 세심한 배려를 해야 하고, 다른 하나는 사이트를 활용하는 시간을 정하여 정해진 시간 동안만 이용할 수 있게 해야 한다는 것이다.

Little Explorers
(http://www.Enchanted Learning.com/Dictionary.html)

영어교육만큼 중요한 영미문화교육

문화(Culture)란 사람들이 살아가는 태도, 방법, 행동의 총체를 가리킨다. 그러므로 언어에 따라서 문화가 다르게 형성되는 것은 당연하다. 그런 문화는 서로 다른 것일 뿐이지, 어느 문화가 우수하고 어느 문화가 우수하지 않다는 말은 아니다. 외국어 지도에서는 이런 문화적 차이를 이해해야 언어 학습이 가능하다. 따라서 어릴 때부터 영미문화에 노출되도록 그 환경을 조성하거나 지도하는 것이 영어를 더 쉽게 습득하는 지름길이다. 언어는 문화이다. 외국어를 배우는 것은 그 문화를 터득하는 것이다. 영어권 사람들이 살아가는 모든 언어 생활 문화 양식을 아이들에게 자연스럽게 활용하면 효과적인 영어 학습 지도 자료가 된다. 자, 그렇다면 영미문화는 어떤 문화인지 알아보기로 하자.

영미문화는 **인사를 다양하게 표현하는 문화**이다. 모르는 사람을 만나도 가볍게 미소를 띠우고 "Hi.", "Hello.", "How are you?", "How are you doing?", "How have you been?"등 다양하게 인사를 건네고, 아침이면 "Good morning.", 오후면 "Good afternoon.", 저녁이

면 "Good night."등의 긍정적인 인사 습관을 가지고 있다. 그에 대한 대답도 "Fine, thanks(thank you)."라고 응답하거나 아침인사면 "Good morning."으로, 오후에는 "Good afternoon."으로 응답을 한다. 생활에서 이런 인사를 자연스럽게 지도하는 것이 좋다.

영미문화는 축하와 칭찬 그리고 감사를 표현하는 문화이다. 영어권 사람들은 축하와 칭찬과 감사를 빼면 할 말이 없을 정도로 항상 칭찬하고 감사한다. "Congratulations!", "Happy birthday(to you)!", "Happy New Year!", "Merry Christmas!" 라고 축하하는 표현은 영어의 기본이다. 또한 영미인들은 칭찬을 생활화 하고 있다. "Good job(You did a good job).", "You are one of my best friends.", "You are kind(a kind person).", "You look lovely today.", "It looks good(on you).", "I admire your haircut.", "Excellent.", "Super.", "Very good."등은 상투적인 표현이지만 일상생활에서는 많이 쓰이는 표현이다. 그리고 감사 표현도 생활화되어 있다. "Thanks.", "Thanks a lot.", "Thank you very much.", "I appreciate you." 등을 생활 속에서 익숙하게 사용하도록 지도하는 것이 좋다. 한편 감사표현에 대답하는 말로 "You're welcome.", "Not at all." 등의 표현도 지도해 주는 것이 좋다.

단계	학습 효과	참고 사이트
인사 작별	Hi. Hello. How are you? How are you doing? Good morning(afternoon). See you. Good bye. Good night. So long.	인사의 생활화 http://www.edhelper.com/
축하	Congratulations! Happy birthday! Happy New Year! Merry Christmas!	생활 속의 축하 http://www.education-world.com/
칭찬	You did a good job. You are one of my best friends. You are a kind person. You look lovely today. It looks good on you. I admire your haircut. Excellent. Super. Very good.	칭찬 표현의 일상화 http://funschool.kaboose.com/
감사	Thanks.(Thanks a lot. Thank you very much.) I appreciate you. You're welcome.	감사의 생활화 http://www.starfall.com http://www.candlelightstories.com
전화	This is John speaking. One moment, please. You've got a wrong number.	전화 예절 지도 http://evaeaston.com/

▶ 생활 속의 영미문화 표현들

영미문화는 바른 전화 예절을 표현하는 문화이다. 영미인들은 잘못 걸려온 전화라도 "You've got a wrong number." 라고 말하면서 친절히 안내한다. 다른 사람 전화라도 "One moment, please."라고 친절히 안내하거나 "Can I have a message?"라고 말하여 상대방에게 전할 말을 메모해 둔다. 전화를 끝맺을 때에도 꼭 "Thank you for calling. Bye-bye!"라고 말을 한다.

외래어를 영어 학습 자료로 잘 활용할 수 있다

우리말 속에 들어온 외래어를 영어 학습 자료로 잘 활용하도록 하자. 간판, 신문 제목, 방송 프로그램 등을 통하여 영어가 우리 생활 속에 흔히 사용되는 경우가 많다. 예를 들어, computer는 컴퓨터로, cheese는 치즈로, butter는 버터로, bus는 버스로, cement는 시멘트로, dam은 댐으로, dial은 다이얼로, dollar는 달러로, gram은 그램으로, hotel은 호텔로, juice는 주스로, pen은 펜으로, pin은 핀으로, ribbon은 리본으로, robot은 로봇으로, skate는 스케이트로, switch는 스위치로, tape은 테이프로, tulip은 튤립으로 영어를 마치 우리말처럼 사용한다. 대부분 과학적 발명품이거나 외국 음식, 현대 문명사회의 도구들이 우리말처럼 사용되고 있다. 또는 외래어에 해당하는 우리말이 있는데도 이 외래어가 우리말을 밀어내고 들어와서 주인 노릇을 하는 경우도 있다. 예를 들어, 공은 볼(ball)로, 사진첩은 앨범(album)으로, 권투는 복싱(boxing)으로, 과자는 케이크(cake)로, 소식은 뉴스

(news)로, 수저는 스푼(spoon)으로, 운동은 스포츠(sports)로, 식탁은 테이블(table)로, 정구는 테니스(tennis)로 사용한다. 이런 외래어를 우리말도 가르치고 영어도 가르치는 자료로 활용하는 것도 하나의 방법이 될 수 있다. 아래 표는 교육부가 추천하는 생활 영어 단어들이다.

외래어 관련 사이트
http://abcteach.com
http://www.treehousetv.com
http://www.teachingvalues.com/ebooks.html

항목	외래어가 우리말화 된 빈도수 높은 단어	외래어 지도 단계
생활 단어 (50개)	album, banana, bench, blouse, bus, cake, card, cheese, chocolate, coat, coffee, computer, crayon, cup, dollar, fork, game, group, hamburger, hiking, hotel, ice cream, juice, medal, news, orange, party, pen, piano, pin, pizza, radio, ribbon, robot, salad, shirt, sign, skate, soup, sports, supermarket, sweater, tape, taxi, team, tomato, truck, video, violin	1단계: 사물이나 현상을 확인시켜 주기 2단계: 단어 카드 만들기 3단계: 실제 말해보기

▶ 빈도수 높은 생활 외래어(교육부 권장 어휘)

위 표에서 제시한 50개 외래어는 교육부가 권장하는 생활 필수 단어들이다. 이런 50개의 차용어는 영어를 학습하는 데 필요한 단어로, 이런 단어의 발음을 영어식과 우리말식으로 다르게 익혀 두는 것이 좋다. 외래어를 지도할 때는 첫째, 외래어와 사물이나 현상을 확인시켜주기, 둘째, 그 외래어의 단어 카드나 단어장을 만들어 주기, 셋째, 그 외래어로 영어 문장을 말해보도록 유도한다.

영어 속 외래어 이야기

📘 영어 속에도 특권적인 표현과 경멸적인 표현이 내재되어 있다. 이런 표현은 역사적으로 1056년부터 1500년대까지 프랑스가 영국을 지배했던 중세 영어 시기와 관련이 있다. 중세 영어는 불어의 차용으로 정치, 경제, 사회, 문화, 법률, 의학, 과학, 군사, 예술 등 다방면에서 1,000여 개 기본 어휘가 불어에 잠식되었다. 이런 과정에서 영국인들은 프랑스가 영국을 지배했다는 사실을 몹시 치욕적으로 받아들였다. 그들은 그래서 특권적인 표현도 프랑스식 표현을 썼다. 왜냐하면 프랑스 사람들이 지배 계급이었기 때문이다. 지배 계급은 선망의 대상이 되기도 하고 증오의 대상이 되기도 했다. 예를 들어 "mansion"하면 잘 사는 사람들의 고급 주택 같은 뜻으로 사용되고 "house"하면 서민들이 사는 집 같은 느낌을 준다. "mansion"은 불어에서 유래된 단어이기 때문에 특권적이고 "house"는 원래 영어이기 때문에 서민적인 주택 같은 느낌을 준다.

다른 한편, 경멸적인 영어 표현은 모두 불어를 이용한다. 예를 들어, "French leave"하면 말없이 무례하게 자리를 뜨는 버릇없는 행동을 나타내고, "French walk"는 남을 완력으로 내쫓는 행동을 나타내며, "French boot"하면 주차 위반 차량에 족쇄를 채우는 것을 나타낸다.

📘 영어 속의 외래어

영어는 외래어를 풍부하게 차용하였다. 이런 풍부한 어휘 자산 때문에 영어가 국제어가 될 수 있는 필요충분 조건을 갖게 되었다. 지금도 영어는 외래어를 풍부하게 빌려 사용하고 있다.

- 이태리어: pizza, studio, opera, concert, spaghetti, balcony, bandit, ballot
- 그리스어: bible, television, alphabet, church, photograph, topic, euphoria
- 중동어: magazine, yoghurt, lemon, alcohol
- 인도어: pepper, ginger, shampoo, jungle, khaki
- 태국어: bamboo
- 스페인어: cigarette, mosquito, patio, sherry, canyon, banana, cigar
- 일본어: judo, pajama, kimono, tycoon
- 한국어: kimchi, taekwondo
- 아프리카어: trike, apartheid, safari, bwana
- 중국어: sampan, typhoon, ketchup, chowmein, yen
- 네덜란드어: frolic, slim, cruise
- 핀란드어: sauna
- 러시아어: rouble, czar, steppe, sputnik
- 프랑스어: cafe, ticket, restaurant
- 인디언어: moccasin, squaw, wigwam
- 체코어: robot
- 에스키모어: kajak, igloo, anorak
- 노르웨이어: cosy, ski, fjord
- 터키어: yoghurt, kiosk, bosh, cariare

영미문화의 비언어 생활을 주목하라

인간의 의사소통 방법은 언어를 활용하는 것 이외에도 비언어적인 동작, 공간 활용, 얼굴 표정 등을 다양한 수단으로 사용하고 있다. 비언어적인 의사소통(Nonverbal Communication)에 관하여 생각해보면, 미국인의 제스추어와 우리나라 사람의 제스추어는 같은 경우도 있고 다른 경우도 있다.

미국 사람이나 우리나라 사람이나 미소(smile)나 악수(shake-hands), 윙크(wink)를 하거나 고개를 끄덕이며 긍정적인 수긍을 하는 행동과 같이 공통적인 비언어적 의사소통도 많다. 그러나 서로 다른 경우도 많다. 모른다는 뜻을 나타낼 때는, 미국 사람들은 양 어깨를 가볍게 위쪽으로 올리면서 양팔을 바깥쪽으로 벌리지만 우리나라 사람들은 고개를 좌우로 흔든다든지 혹은 손을 좌우로 흔들어 잘 모른다는 표현을 한다. "잘 되었어요"라는 뜻을 나타내기 위해서 미국에

> **비언어적인 의사소통**
> 표정이나 눈빛, 손짓, 몸짓과 같은 동작으로 하는 의사소통

서는 엄지손가락과 두 번째 손가락으로 원을 그리면서 나머지 세 손가락을 위쪽으로 향하여 들어 올린다. 그런데 우리나라에서는 이 제스추어가 돈을 의미하기도 한다.

　　미국 사람들은 효과적인 의사소통을 위하여 제스추어(gesture)를 사용하면서, 혹은 얼굴 표정을 전달하려고 하는 내용에 맞게, 또는 대화 상대의 신분을 고려하여 대화 거리와 공간을 유지하면서 말을 한다. 즉 어느 문화에서든지 사람들은 언어와 행동을 동시에 수행하여 효과적이고 효율적인 의사소통을 이루고자 노력한다. 영미문화를 이해하는 것은 의사소통에 중요한 요인이고 언어와 마찬가지로 강한 의미를 전달하는 매체라는 것을 인지해야 한다. 영미문화의 이질적 차이를 완전하게 이해하는 것이 의사소통을 잘하는 지름길이 된다는 것이다. 간혹 영미문화의 차이를 비판적인 시각에서 보는 것은 잘못이다. 차이점을 인정하고 상대방과 의사소통을 원활하게 하기 위해서 어떻게 대처해야 하는가를 미리 예상하는 척도가 될 수 있기 때문이다.

영어로 의사소통을 할 때 영미문화 사람들의 얼굴 표정(facial expression)을 잘 읽도록 한다. 의사소통에서 얼굴표정은 중요한 요소 중 하나이다. 얼굴 표정은 마음의 거울이다. 얼굴 표정에 따라서 의사소통이 잘 이루어지고 있는지 아닌지를 알 수 있다. 미국 사람들은 잘 아는 사람이든 모르는 사람이든 남녀노소가 모두 밝고 명랑한 표정을 상대방에게 보이도록 노력한다. 반면, 우리는 전통적으로 근엄하고 신중한 태도의 표정을 상대방에게 보이려고 했다. 세계화의 길목에 서서 우리도 누구에게나 밝게 웃는 표정을 보낼 수 있는 마음의 여유가 필요하다.

영미문화의 특성을 파악하여 눈(eye)으로 대화하게 하고 손동작의 활용을 적절하게 하도록 유도한다. 상대방과 이야기를 할 때는 눈을 꼭 마주쳐야 한다. 눈으로 직접 대화를 하는 것이 서양 사람들의 의사소통의 한 방법이다. 그러나 우리 문화는 시선을 마주하며 이야기하기 보다는 눈을 마주치지 않고 자신의 말만 열심히 하는 습관이 있다. 또한 우리 문화는 연장자에게 꾸중 들을 때에 연장자의 눈을 바라보면 예의가 없고 무례하다고 생각한다. 그래서 우리 문화에서는 어린 아이가 자신의 잘못을 인정한다는 것을 의미하기 위해 꾸중 들을 때 고개를 숙여야 한다. 반대로 영미문화에서는 상대방의 눈을 바라보지 않으면 존경심이 없고 정직하지 못해서 상대방의 눈을 바라보지 못한다고 생각한다. 미국인들은 가운데 손가락을 내밀면 나쁜 욕이나 외설적인 표현으로 받아들인다. 그런데 한편, 한국 사람들은 검지로 상대방을 가리키면 어디서 삿대질이냐고 화를 낸다. 우리 문화에서는 삿대질은 무례한 행동으로 받아들여지는 것이다. 이런 것들은 모두 다 문화적 차이이다. 문화는 절대 비판의 대상도 아니고, 우월의 대상도 아니다. 각 문화는 삶의 한 방법이고, 수단이며, 과정이라고 보면 된다. 아이의 영어 학습을 위해서나, 더 나아가 세계인으로서 우리 아이를 키우기 위해 서로 다른 문화에 대해 긍정적 태도를 가지고 인정하는 습관을 들여주는 것이 필요하다.

• 우리 아이 영어 영재 만들기 프로젝트 •

유용한 웹사이트와 조기영어교육 사례

유용한 인터넷 웹사이트

인터넷 웹사이트를 충분히 활용하라

인터넷은 아이들이 영어로 놀 수 있는 거대한 놀이터와 같다. 최근 유아영어교육 붐이 일고 있는 가운데 고가의 학원을 이용하는 대신 인터넷을 이용한 저렴한 유아영어교육이 인기를 끌고 있다. 인터넷에는 영어 노래, 게임, 화려한 동영상 등 아이들이 좋아하는 멀티미디어형 무료 교재가 가득하기 때문이다. 다음 소개되는 여러 사이트를 통해 인터넷으로 우리 아이들의 영어 실력을 키워 보자.

● 조기영어교육 종합 정보 포털 사이트

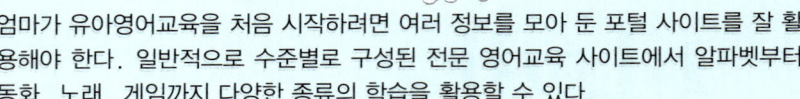

엄마가 유아영어교육을 처음 시작하려면 여러 정보를 모아 둔 포털 사이트를 잘 활용해야 한다. 일반적으로 수준별로 구성된 전문 영어교육 사이트에서 알파벳부터 동화, 노래, 게임까지 다양한 종류의 학습을 활용할 수 있다.

● **와삭** (http://www.wasac.com)
조기영어교육 뿐만 아니라 다양한 종류의 영어 학습을 즐길 수 있고, 화려한 동영상이 돋보이는 사이트이다.

● **키즈클럽** (http://www.kizclub.com)
알파벳부터 기본적인 문장을 배울 수 있는 사이트이다. crafts에서는 종이로 출력한 후 오려붙이기 놀이를 하면서 가벼운 일상의 영어 단어들을 배울 수 있다. 미취학 어린이를 둔 어머니라면 한번쯤 들러보는 것이 좋다. 취학 전 아동을 대상으로 아기자기한 화면으로 구성되어 있다. 조선일보 인터넷 대상을 받았다.

● **Kaboose** (http://www.kaboose.com)
조기영어교육을 위한 각종 유아용 영어 자료가 많다. 이런 자료를 현장 학습에 활용할 수 있다.

- **잉글리쉬포유 (http://eng4u.co.kr)**

  유아영어를 선택하면 Nursery Rhymes, Mommy's Talk, Hyper 사전, 발음 동영상, 그림사전 및 대화, 단어 플래시 동영상, Jazz Chants, Toddler's Story 등의 항목별로 학습할 수 있다.

- **리틀팍스 (http://www.littlefox.co.kr)**

  애니메이션으로 제작된 동화와 동요로 영어를 배우는 어린이 영어 학습 사이트로서 그림 동화, 옛날 이야기, 지구촌의 역사와 인물·풍물을 담고 있는 지구촌 이야기, 동·식물, 자연, 우주, 컴퓨터 이야기 등 총 70여 편의 동화와 15편의 동요를 보고 듣고 따라 하면서 영어를 배울 수 있다. 어린이 실력에 맞게 골라 읽을 수 있도록 수준별로 단계가 구분돼 있기도 하다. 색칠하면서 알파벳을 배울 수 있는 코너와 한국과 미국의 어린이들이 직접 쓴 어린이 일기, 가족 생활영어, 알기 쉬운 영문법 코너도 마련해 놓았다.

- **에듀박스 (http://www.edubox.com)**

  인터넷의 애니메이션 초등 생활 영어 컨텐츠와 오프라인의 영어 듣기 훈련 교재가 결합된 프로그램인 잉글리쉬 와이즈를 이용할 수 있다.

- **잉글리쉬 포크 (http://www.englishfork.com)**

  플래시 애니메이션과 자체 개발한 캐릭터들을 학습 도우미로 활용해 교육 효과를 높이고 있다. 학습지 방식을 온라인에 도입했으며 자체적으로 만든 캐릭터 '엘핀'이 학습지 방문교사 역할을 대신해 단계별로 진도 관리를 해 준다. 초등학교 1학년부터 중학교 2학년 수준까지 6단계, 510개 강좌로 구성되어 있다.

- **야후 꾸러기 영어나라 (http://kr.kids.yahoo.com/eng/)**

  어린이들을 위한 영어 학습 사이트로, 영어동화, 동요, 게임, 알파벳, 생활영어, 일기 쓰기 서비스를 제공하고 있다.

○ 게임과 놀이 사이트

게임과 놀이를 통하여 영어를 배우는 사이트를 알아보자.

- **크레욜라 (http://www.crayola.com)**

  세계적인 크레용 회사의 홈페이지로서 취학 전 어린아이를 위한 게임과 색칠공부 페이지는 처음 영어를 시작하는 아이들에게 권해 줄 만하다.

- **지니의 영어 놀이 학습** (http://www.incwell.com/Zini)
  수, 도형, 영어 단어를 배울 수 있도록 다양한 놀이 활동이 있다.

- **제이지 곰의 집** (http://www.jayzeebear.com)
  곰돌이 옷 입혀 주기, 종이 접기, 세계지도 찾기 등 놀이 교재가 있다.

- **세서미 스트리트** (http://www.ctw.org)
  유명한 세서미 스트리트의 사이트에서 영어를 재미있게 배울 수 있다.

○ 노래(Songs, Jazz Chants, Nursery Rhyme, Mother Goose)
취학 전 아이들에게 영어에 대한 호기심을 불러일으키는 데 가장 효과적인 방법은 영어 노래를 듣고 따라하게 하는 것이다.

- **Edpia.com** (http://www.edpia.com)
  유아 교육 포털사이트로서 유아 교육원 운영정보 및 상담, 유아 학습 정보, 유아 영어, 동요, 동시, 동화 놀이마당 등을 제공한다.

- **KiDiddles.com** (http://kididdles.com)
  미국 사이트로 온라인 구매도 가능한 곳으로 수많은 동요 가사를 싣고 있으며 일부는 들어볼 수도 있다.

- **Nursery Rhyme Mother Goose** (http://www.mothergoose.pe.kr)
  영미권 동요인 Nursery Rhyme과 Mother Goose를 소개한다.

- **Mama Lisa's House of Nursery Rhymes** (http://www.mamalisa.com/house/)
  Mother Goose를 담은 개인 홈페이지로는 가장 유명하다.

○ 동화

동화로 영어를 배우는 것이 효과가 있음은 이미 전문가들 사이에서 널리 알려진 사실이다. 전문가들로부터 동화는 어린이들에게 창의성과 상상력을 키워준다는 측면에서 훌륭한 교재로 인정받고 있다. 영어 동화를 읽다보면 영어로 이야기를 구사하고 문장의 흐름을 생각할 수 있게 되는 효과가 있다.

- **아이들을 위한 전자 동화** (http://www.ipl.org/youth)
  온라인 동화 사이트가 많이 링크되어 있다.

- **스토리 북** (http://www.magickeys.com/books/index.html)
  어린이부터 중고생에 이르기까지 영어를 공부하는 데 도움이 되는 사이트이다.

- **영어 동화책** (http://www.sundhagen.com/babbooks)
  아이들을 위한 동화 및 각종 자료들을 제공하고 있다.

- **피터 래빗의 나라** (http://www.peterrabbit.co.uk)
  너무나 유명해서 설명이 필요 없겠지만, 적어도 영어 동화에 관심이 있는 분이라면 반드시 살펴봐야 할 사이트이다. 전체적으로 수채화 같은 느낌이 드는 사이트로 〈피터 래빗〉의 이야기와 동영상들을 숲 속 산책하는 기분으로 즐길 수 있다.

- **피터 래빗 온라인 그림 동화 모음** (http://www.tcom.ohiou.edu/books/kids.htm)
  Beatrix Potter의 책들을 감상할 수 있고 이상한 나라의 앨리스를 리얼오디오로 들을 수 있다.

- **할머니의 이야기 책** (http://www.candlelightstories.com)
  여러 편의 동화가 실려 있는데 그림 동화도 있고 글자만 나오는 동화도 있다.

- **Dr. Seuss's Seussville** (http://www.randomhouse.com/seussville/)
  우리에게 생생한 그림을 이용한 영어 학습으로 널리 알려져 있다. 특히 영어 라임의 묘미를 느끼기에 적합하다.

- **Bedtime stories** (http://www.bedtime-story.com/bedtime-story/)
  그림이 적고 이야기 위주로 구성된 사이트이다.

- **빌리 잉글리쉬** (http://www.billyenglish.co.kr)
  다양한 동화 사이트들을 연결해 놓았다.

- **만화**

  영어를 처음 시작하는 어린아이들은 우선 영어와 친해지는 것이 중요하다. 흥미진진하고 다양한 만화 주인공들과 함께 하는 동안 저절로 영어를 인식하게 되어 말하기는 물론 읽고 쓰는 표현력도 자연스럽게 익히게 된다.

- **베렌 스타인 베어 (http://www.berenstainbears.com)**
  예쁘고 아기자기한 베렌 스타인 베어의 홈페이지이다.

- **강아지 스누피 (http://www.snoopy.com)**
  스누피와 그 친구들의 재미있는 그림이 가득하다.

- **닉 주니어 (http://www.nickjr.com)**
  블루스 클루즈, 메이지, 리틀 베어 등을 만날 수 있는 사이트이다.

- **워너브러더즈 키즈 (http://www.kids.warnerbros.com)**
  톰과 제리, 벅스 버니 등의 캐릭터를 만날 수 있다.

- **PBS 키즈 (http://www.pbs.org/kids)**
  미국의 아동 공영방송 PBS의 사이트로서 텔레토비, 바니, 노디, 아서 등의 주인공들을 만날 수 있다.

- **포켓몬 (http://www.pokemon.com)**
  아이들이 좋아하는 포켓몬 사이트이다.

- **그림 영어 사전**

  처음 영어를 배우거나 영어 공부에 관심을 갖기 시작한 유아나 초등학교 저학년 아이들에게 중·고등학생용 영어사전은 여간 낯설지 않다. 빽빽하게 들어찬 글씨들과 딱딱한 편집이 오히려 영어에 싫증을 느끼게 할 수도 있다. 아래에 소개하는 그림 영어 사전 사이트들은 일반 사전 사이트들과 마찬가지로 단어의 뜻풀이와 예문 등을 표시해 주는 것은 물론이고, 단어와 연관된 그림과 눈에 잘 들어오는 큼직한 글씨들로 꼭 필요한 단어를 싣고 있다.

- **Little Explorers** (http://www.EnchantedLearning.com/Dictionary.html)
A부터 Z까지 알파벳 순서대로 나와 있는 인터넷 그림영어 사전이다. 영어 단어를 단어의 뜻과 그림, 발음과 함께 찾을 수 있어서 영어 공부를 처음 시작하는 학생들이라도 쉽게 단어를 익힐 수 있다.

○ **Alphabet & Spelling**(Coloring)

유아나 초등학생에게 영어를 가르치려면 영어 학습을 재미있는 놀이로 여기도록 만들어야 한다. 공부한다고 생각하게 되면 곧 싫증내기 쉬우므로 색칠 놀이나 점 잇기 등을 겸한 보조교재를 잘 활용하는 일이 중요하다. 색칠놀이 교재는 이용하기에 따라 아이들의 상상력을 자극해 지능계발에도 좋은 효과를 가져다 줄 수 있다.

- **abc 코너** (http://www.sesameworkshop.org/sesamestreet/coloringpages/)
A에서 Z까지 알파벳 색칠놀이 밑그림이 있는 세사미 스트리트의 abc 코너로서 밑그림들은 각 알파벳 글자로 시작하는 물건과 아이들이 좋아하는 캐릭터로 구성되어 있어 흥미를 불러 일으킨다.

- **Kid's stuff** (http://infostuff.com/kids/index.html)
알파벳 학습 사이트로서 알파벳 글자를 누르면 단어와 그림을 보여준다.

- **alphabet fun** (http://www.billybear4kids.com/games/online/alphabet/abc.htm)
꼬마 곰 빌리와 함께 게임을 하면서 알파벳과 단어를 배울 수 있다.

- **Spell Check** (http://www.funbrain.com/spell/index.html)
영어 단어 철자를 익힐 수 있다. 쉬운 단계부터 어려운 단계로 나뉘어져 있다.

- **Alphabet Letter Activity Sheets**
(http://www.tampareads.com/phonics/singleletters/index.htm)
다양한 종류의 알파벳 액티비티 연습지를 제공한다.

- **A Jan Brett Alphabet** (http://www.janbrett.com/alphabet/alphabet_main.htm)
대·소문자를 포함한 알파벳을 세가지 글씨체의 그림 카드로 보여준다.

○ 발음

어린 시절에 발음에 관련된 구강 근육이 발달하므로 이 시기에 영어 발음 훈련을 하는 것이 효과적이다.

- **Vowel Sound Essential**
  (http://www.readingkey.com/phonics/sounds/vowels/voweltest.htm)
  모음 발음 연습을 할 수 있다.

- **American English Pronunciation** (http://www.eleaston.com/pronunciation)
  영어 발음을 공부하기에 적합한 발음 전문 사이트이다.

○ 어린이 문학가 홈페이지

다양한 어린이 문학을 산책하고 탐독하게 함으로써 독서에 흥미를 느끼게 해 준다.

- **Audrey Wood** (http://www.audreywood.com)
  The Big Hungry Bear, The Napping House 등의 작품을 소개한다.

- **Eileen Christelow** (http://www.christelow.com)
  Five Little Monkeys Jumping on the Bed 등의 작품을 소개한다.

- **Eric Carle** (http://www.eric-carle.com)
  The Very Hungry Caterpillar, Papa, Please Get the Moon for Me 등의 작품을 소개한다.

- **Jan Brett** (http://www.janbrett.com)
  The Mitten, The Hat 등의 작품을 소개한다.

- **Jean Marzollo** (http://www.jeanmarzollo.com)
  I Spy 시리즈 등의 작품을 소개한다.

- **Molly Bang** (http://www.mollybang.com)
  Ten, Night, Eight, The Grey Lady and the Strawberry Snatcher 등의 작품을 소개한다.

- **Pat Hutchins** (http://www.titch.net)
  Titch 시리즈, Don't Forget the Bacon 등의 작품을 소개한다.

- **Robert Munsch** (http://www.robertmunsch.com)
  Paper Bag Princess, Love You Forever 등의 작품을 소개한다.

청취 연습을 위한 웹사이트

인터넷을 활용하여 청취 연습을 할 수 있다

 **인터넷 방송 사이트**

- **abc NEWS.com** (http://www.abcnews.go.com/)
  미국 abc 방송국의 홈페이지이다. 뉴스를 주제별로 잘 구분해 놓았다.

- **World Radio Network** (http://www.wrn.org)
  인터넷 라디오 사이트이다. 라디오 방송을 올려놓아서 클릭 한 번으로 세계 25개국의 공영 방송으로부터 보내 온 현지 방송을 들어볼 수 있다.

 **영·유아를 위한 청취 사이트**

- **Brain POP** (http://www.brainpop.com/)
  과학에 관한 상식을 애니메이션으로 보여주고 설명을 들려주는 사이트이다. 천문학, 건강, 과학, 기술 등에 관한 70개 이상의 동영상 애니메이션 비디오가 올려져 있다.

- **야후! 꾸러기 영어나라** (http://kr.kids.yahoo.com/eng/)
  영어 동화, 동요, 게임, 알파벳, 생활영어, 어린이 일기 서비스를 제공한다.

- **PBS Kids** (http://www.pbs.org/kids/)
  미국의 공영방송인 PBS에서 제공하는 어린이 인터넷 프로그램이다. PBS의 어린이 방송을 시청할 수도 있고 해당 방송 프로그램 페이지에는 어린이들이 흥미를 느낄 게임이나 노래, 만화 주인공 그림 등을 제공하고 있다.

 동화, 시, 소설 듣기 사이트

- **Candlelight Stories** (http://www.candlelightstories.com/Radio.htm)
  피노키오, 피리 부는 사나이 등 어린이들에게 잘 알려진 이야기를 읽어 주는 사이트이다. 스크립트는 제공하지 않지만 흥겨운 배경음악과 함께 장면에 따라 읽어 주는 어조에 변화를 주므로 듣는 데 흥미롭다.

- **Grimms' Fairy Tales**
  (http://www.nationalgeographic.com/grimm/index2.html)
  그림 형제가 쓴 동화들을 들려주는 사이트이다.

- **The Legend of Lightning Larry** (http://aaronshep.com/extras)
  Aaron Shepard의 동화 'The Legend of Lightning Larry'를 읽어 주는 사이트이다. 스크립트를 제공하고 있으며 동화 속 등장인물의 재미있는 포스터도 볼 수 있다.

- **Dave's ESL Cafe-Idea Cookbook** (http://www.eslcafe.com/ideas/sefer.cgi)
  교사들이 영어 듣기를 가르칠 때 적용시킬 수 있는 유용한 정보나 영어 학습을 하는 과정에 스스로 적용시켜 보게 할 수 있는 학습 요령을 담고 있다.

 영화 청취 사이트

- **Film.com** (http://www.film.com/)
  영화의 명장면들을 모아놓았다. 최신 영화들을 비롯해서 흥행작들, 각종 영화제 수상작들의 명장면들을 볼 수 있다. 영화에 관한 뉴스와 영화 배우들의 인터뷰도 직접 보고 들을 수 있다.

성공적인 조기영어교육 사례

 **저자의 조기영어교육 체험담**

저자는 과거에 미국 캔사스 주립대학원에서 유학할 수 있는 행운을 갖게 되었다. 그 당시 저자의 세 살 된 아이가 미국에 처음 도착했을 때의 일이다. 옆집에 사는 톰(Tom) 부부가 "Hi"라고 말하자, 그 아이도 "Hi"라고 두려움 없이 응답하는 것을 보고 "역시 어린아이는 어린아이구나." 라고 생각했다. 어린 시절의 언어 노출이 언어 숙달의 지름길이라는 생각을 갖게 되었다.

그 날 오후 우리가 이삿짐을 옮기느라고 분주할 때 옆집의 톰이 다시 다가와서 우리 아이에게 "Hi, what's your name?"이라고 물어보자 저자의 아이가 "Hi, what's your name?" 이라고 단순히 따라서 말했다. 그 미국인 친구가 "Okay, what's YOUR NAME?" 이라고 강조하여 다시 묻자 저자의 아이도 "Okay, what's YOUR NAME?" 이라고 놀이를 하듯이 말하는 것을 보고서 "아, 저렇게 아이들은 영어를 장난치듯 혹은 놀이 하듯이 배우는구나." 라고 생각했다.

다음날 저자 부부는 아이를 대학 앞에 있는 탁아소(Day Care Center)에 맡

졌다. 보모도 있고, 또 우리 아이가 미국 아이들과 잘 놀겠지 생각하면서 그곳에 맡겼는데, 한 시간쯤 지나 걱정이 되어 탁아소에 가보니 낯선 환경 때문인지 아이는 크게 울고 있었고 보모는 아이를 달래느라고 무척이나 고생하고 있었다.

 Oh, oh, don't you wanna play with kids?
(아이들하고 놀지 않을래?)

 (울면서 말없이 고개만 옆으로 젓기만 한다.)

 Oh, oh, don't you wanna sing a song?
(노래 안 부를래?)

(울면서 말없이 고개만 옆으로 젖기만 한다.)

 Okay, you wanna go home?
(너 집에 갈래?)

 (울면서 말없이 고개를 끄덕인다.)

그 보모는 저자의 아이가 울기만 하니까 그 아이에게 "Oh, oh, don't you wanna play with kids?" 라고 달래면서 물었으나, 그 당시 저자가 바깥쪽의 창가에서 보니 아이는 계속 울기만 하였다. 보모가 "Oh, oh, don't you wanna sing a song?" 이라고 달래도 계속 울고 보채고 있었다. 다시 보모가 "Okay, you wanna go home?" 이라고 묻자 아이는 고개를 끄덕였다. 그때 저자가 들어가니 "아빠!" 하고 부르면서 달려와 안기는 것이 아닌가? 저자는 아이를 데리고 밖에 나와 달래면서 어떻게 선생님 말을 알아들을 수 있느냐고 물으니 "나도 몰라." 하고 고개만 내저었다.

바로 그것이다. 어린 시절에 아이들은 절박한 상황에서 영어든 한국말이든 하나의 의사소통 도구로써 선천적으로 말을 이해하는 것이지, 특별히 이것은 외국어니까 잘 모르고 한국어니까 잘 이해하고 있다고 생각하지 않는 것이다. 또한 한 가지 중요한 사실은 이 시기에 부모의 배려와 사랑이 어린아이를 밝고 총명한 언어 습득자로 키울 수 있다는 것을 알았다. 따라서 요즘 조기 유학이라고 해서 어린아이 혼자 영어권 국가에 보내는 일은 별로 바람직한 현상은 아닌 것 같다.

이후부터 저자의 아이는 어린아이가 가진 특성을 최대한으로 발휘하여 자신에게 노출된 외국어를 재미있게 무의식적으로 터득하기 시작했다. 처음 1년 동안은 집에서나 밖에서나 될 수 있으면 영어를 사용하여 빨리 터득하도록 배려하였고, 그 후 1년 후부터는 유학이 끝나고 한국에 돌아갈 것을 생각하여 집에서는 꼭 한국말을 사용하기로 하고 밖에 나가서는 영어를 사용하도록 실천에 옮겼다. 우리 가족이 밖에서는 왜 영어를 사용하고, 집안에서는 한국말을 사용해야 되는지를 아이에게 자세히 설명을 했다. 미국에서는 모든 사람들이 영어를 사용하니까 밖에서 우리끼리 한국말을 사용한다면 이상하게 생각하니 꼭 영어로 대화하자고 설득하였고 외마디의 말이라도 영어로 주고받았다.

어린아이들은 선천적으로 언어를 배울 수 있는 장치를 가지고 태어난다고 하지만 환경 속에서 언어에 노출되지 않고는 모국어든 외국어든 습득할 수가 없다. 환경 속에서 언어 환경에 노출되는 것, 즉 사람과 사람 사이의 상호작용이 언어 습득의 결정적인 요인 중에 하나이다. 어린아이는 상호작용을 하면서 단계를 밟아서 언어를 발달시킨다. 절대로 어떤 단계의 언어 발달을 건너뛰어서 습득하는 법은 없다. 어린아이는 유아시기에 1단어 활용의 유아문법 단계를 거쳐서, 2~3개 단어의 결합을 하는 아동문법 단계로 발전하고, 다시 문법적인 문장 구조와 비문법적인 문장 구조를 혼합하여 사용하는 중간문법의 단계를 거쳐, 마지막으로 창의적 성인문법 표현 단계로 성장한다. 저자 아이의 언어 습득 단계를 정리해 보면 다음과 같다.

시기	창의적 대화 내용	언어 습득의 특징
1	반복 연습 단계	한 단어 반복 연습 활동 시기
2	대화 주도 단계	간단한 대화를 주도적으로 활용하는 시기
3	중간 언어 활용 단계	모국어 특성과 영어 특성을 활용하는 시기
4	창의 완성 단계	창의적인 영어 활용 시기

▶ 저자 아이의 언어 습득 단계

제 1시기 반복 연습 단계

저자 아이가 외국어로서 영어를 습득하는 제 1시기는 한 단어를 듣고 스스로 따라서 **반복 연습**하는 단계이다. 한 단어 시기에 저자의 아이를 보면, 모든 의사소통을 한 단어와 억양, 리듬 등 음운적인 요소와 몸동작을 함께 섞어서 의사를 전달한다. 저자의 아이가 옆집의 조(Joe)라는 4세 된 미국아이와 놀 때를 관찰해 보았다. 조가 "Give me cookies." 라고 말하면, 3세 된 저자의 아이는 Cookie라는 한 단어를 사용하여 "Cookie?" 라고 억양을 올려서 묻고, "Cookie!" 즉 이것이 과자라는 것을 확인하고, "Cookie." 하면서 역시 한 단어를 사용하여 과자를 달라고 간청을 했다. 즉 한 단어 시기에는 한 단어를 가지고 의사소통을 한다.

저자의 아이는 영어에 노출되자마자 조직적인 영어 훈련 없이도 1개월 내에 120여 개의 단어를 터득하였다. 매일같이 탁아소에 가거나 이웃 아이들과 함께 어울리면서 하루에 세 단어 정도 새로운 어휘를 주워듣고 와서 혼자서 열심

히 중얼거리다가 "Water, water가 뭐야?"라고 물어보았다. 저자와 가족들이 물을 마시면서 water, 목욕탕에 가서 목욕하면서 water, 청소하면서 물걸레를 빨면서 water, 잔디에 물을 주면서 water를 반복했더니 아이가 어느새 "Water, I like water. I drink water, water, water."라고 노래를 부를 정도가 되었다. 이런 방식으로 자연스럽게 정보를 터득하면서 언어를 숙달한다는 것을 알았다. 아이는 3개월이 지난 후에는 2~3단어를 조합하여 자연스럽게 자신의 의사를 표현하기 시작했다. 이 시기의 3개월 동안 저자의 아이가 한 단어를 가지고 의사소통한 것을 차례대로 열거하면 다음과 같다.

· mommy(엄마) · no(아니오) · yes(예) · hi(안녕) · thanks(감사해요)
· okay(좋아) · stop(멈춤) · here(여기) · jello(젤로) · ice-cream(아이스크림)
· cheese(치즈) · gum(껌) · chocolate(초콜릿) · chicken(닭) · baby(아기)
· daddy(아빠) · papa(아빠) · oh(오) · my(나의) · son(아들) · shopping(장보기) · cable(케이블) · let(놓다, 시키다) · gas(가스, 석유) · night(밤)
· school(학교) · miaow(고양이) · preschool(탁아소) · kitty(새끼고양이)
· tailor(재봉사) · cereal(곡물) · orange(오렌지, 귤) · juice(주스)
· horse(말) · TV(텔레비전) · car(차) · monkey(원숭이) · airplane(비행기)
· ball(공) · laundry(세탁물, 세탁소) · stair(계단) · up(위로) · down(아래)
· upstair(위층) · study(공부, 공부하다) · grocery(식품점) · macaroni(마카로니) · big(큰) · small(작은) · turn(돌다) · parking(주차) · tape(테이프)
· greyhound(그레이하운드) · check(표시) · tire(타이어) · amen(아멘),
· picnic(소풍) · exercise(연습) · birthday(생일) · truck(트럭) · brown(갈색)
· garden(정원) · church(교회) · uncle(아저씨) · aunt(아주머니) · bye(바이, 안녕) · see(보다) · you(너) · later(나중) · vitamin(비타민) · Mr.(씨, 선생님)
· Miss(양, 선생님) · Mrs.(여사, 선생님) · one(하나) · two(둘) · three(셋)
· four(넷) · five(다섯) · six(여섯) · seven(일곱) · eight(여덟) · nine(아홉)
· ten(열) · seventeen(열일곱) · nineteen(열아홉) · water(물) · elevator(승

강기) • Scotch tape(스카치 테이프) • hello(안녕) • what(무엇) • why(왜)
• floor(바닥) • bath(목욕), • Indians(인디언) • tiger(호랑이) • many(많은)
• toy(장난감) • cookie(과자) • gone(사라진) • pen(펜) • telephone(전화)
• book(책) • want(원하다), need(필요하다) • lion(사자) • penny(페니)
• pig(돼지) • puppy(강아지) • boat(보트) • kiss(뽀뽀) • fork(포크)
• knife(칼) • finger(손가락) • daddy(아빠), • lamb(양) • rabbit(토끼)
• radio(라디오) • bus(버스) • potato(감자) • coat(코트) • wagon(차)

제 2시기 | 대화 주도 단계

제 2시기에는 아이가 2~3단어를 활용하여 문장을 만드는 **대화 주도** 단계이다. 이 시기에는 아이가 주로 자신의 의사를 표현하거나 묻는다. 예를 들어, "Two car?, That car?, Your car?, Red car?, Push car!, Give car!, Wanna car?" 등을 묻거나 명령을 하거나 상대방에게 대답을 유도한다. 이 시기에는 스펀지가 물을 흡수하는 것처럼 언어 습득이 가속적으로 발달한다. 그러므로 어린아이와 항상 대화하고 동작하고 생각하게 만들어주는 과정이 언어 습득의 지름길이 될 것이다. 절대적으로 체계적인 학습 활동이 필요한 것이 아니라 선천적으로 어린아이가 가지고 태어난 언어 습득의 특성을 발휘할 수 있도록 엄마나 아빠가 영어를 노출시켜 주고 반응해 주면 된다. 부모가 영어를 잘 모를 때라도 관심을 가져주고 함께 배우는 모습을 보여주면 매우 효과적이다.

제 3시기　중간언어 활용 단계

제 3시기에는 아이가 여러 단어의 결합을 시도하여 의미를 전달하는 중간언어 활용 단계이다. 이 시기에는 아이가 틀린 발음을 하거나 말을 많이 하는 시기이다. 예를 들어, "*No worry." 하다가 "*You no worry". 라고 말한다. "*No hungry". 라고 하다가 "*I no hungry." 라고 말한다든지, "*No come." 이라고 하다가 "*Daddy no come." 이라고 말한다. "*Not know." 라고 말하다가 "*I not know." 라고 말한다. 그러나 이 시기에 이런 오류를 범하다가 곧 아이는 "Do not worry about it.", "I am not hungry.", "Daddy can not come.", "I do not know."등으로 문법적인 문장을 활용하여 대화를 주도하기 시작한다. 이 시기의 저자와 아이의 대화를 소개하면 다음과 같다.

 Where is Mommy? (엄마 어디 계시니?)

 Mommy *wented to school.
(엄마 학교 갔어요.)

 Mommy wented to school?
(엄마 학교 갔어?)

 No, Mommy *goed to school.
(엄마 학교 갔어요.)

 You mean, Mommy went to school?
(너는 엄마가 학교 갔다는 말이지?)

 Yup, Mommy *wented, Mommy *goed,... went to school.
(예, 엄마는 갔어, 갔어요, 학교 가셨어요.)

그 아이는 go의 불규칙과거는 went인데 -ed를 첨가하여 규칙동사 과거처럼 *wented라고 말하다가 *goed라고 말하다가 결국 went가 과거라는 것을 터득한다. 즉 아이는 계속해서 오류를 범하면서 대화를 주도하다가 결국 문법적인 문장으로 대화를 매듭짓는다. 다시 말해서 어린아이는 언어를 배우는 과정에서 발달 단계상의 오류를 겪는다는 것이다. 그래서 이 시기에는 단어나 말을 많이 듣게 하고 말하게 해서 직접 체험하게 하면 더욱 효과적이다. 부모는 어린아이들이 실수하는 것을 두려워하지 말아야 한다. 곧 아이들은 외국어의 문법 체계에 익숙하게 되고 터득하게 된다. 이 시기에 아이는 자신이 틀린 것을 고집스럽게 주장하거나 고치려고 하지 않기도 한다.

 *Nobody can't do it like McDonald can.
(아무도 맥도널드처럼 할 수 없지 않아.)

 No. Nobody can do it like McDonald can.
(아니. 아무도 맥도널드처럼 할 수 없지.)

 *Nobody can not do it like McDonald can.
(아무도 맥도널드처럼 할 수 없지 않아.)

 No. Nobody can do it like McDonald can.
(아니. 아무도 맥도널드처럼 할 수 없지.)

 *Nobody can no do it like McDonald can.
(아무도 맥도널드처럼 할 수 없지 않아.)

미국의 TV의 광고에 Nobody can do it like McDonald can.(아무도 맥도널드처럼 맛있게 만들 수 없다)는 노래를 저자의 아이가 잘 따라 불렀는데 이중으로 부정문을 사용하여 부르고 있기에 교정을 해 주려고 했다. 그러나 아이는 어른이 교정을 해 주어도 위와 같이 자기가 터득한 방식대로 노래를 불렀다. 하지만 곧 새로운 어른들의 문법 체계에 적응하게 되고 익숙하게 되었다. 따라서 언어에 많이 노출되는 것이 언어 습득의 지름길이다. 어린아이의 두뇌는 유연하게 형성되어 있어서 많은 규칙 현상과 조건을 무리 없이 터득하여 자신의 것으로 만드는 능력을 가지고 있기 때문이다.

제 4시기 　 창의 완성 단계

제 4시기는 어린아이가 어른의 말에 어울리게 말하고 익힌 규칙을 활용하여 수많은 말을 새롭게 만들어 전달하는 **창의 완성** 단계이다. 어린아이는 결코 어른의 말을 반복하거나 모방하는 과정만 실행하는 것이 아니고 자신의 말로 바꾸어서 상대방에게 의사를 표현하거나 전달한다. 이 시기가 되면 수많은 새로운 말을 생성하고 새로운 표현으로 내용을 전달한다.

 Let's have lunch, my son.
(얘야, 점심 먹자.)

 No, I'm not hungry, Mom.
(싫어, 엄마, 나 안 배고파요.)

 My son,... go to Dad,... tell... bring a cup.
(얘야, 아빠한테 가서 컵 가지고 오시라고 말씀드려.)

 Dad! Mommy wanna a cup.
(아빠, 엄마가 컵을 원해요.)

I'm studying...
(나 공부하고 있어…)

Mom! Dad not come,... he busy.
(엄마! 아빠 안 와요… 바쁘시대요.)

이 대화에서 엄마가 아이에게 심부름 시키기를 아빠의 방에 가서 컵을 가지고 오라고 말하자, 그 아이는 엄마의 말을 그대로 표현하는 대신에 "Mommy wanna a cup."이라고 다른 창의적인 표현을 사용하여 엄마의 의사를 아빠에게 전달하고 있었다. 아빠가 공부하고 있다고 하자 아빠의 공부는 "he busy."라고 다른 표현을 쓰면서도 의사전달이 왜곡되지 않게 하는 창의적인 단계의 언어습득이 이루어졌다.

저자의 아이가 4세 되던 그 다음 해 방글라데시(Bangladesh)에서 미국으로 유학 온 부부가 자녀를 다섯 명이나 데리고 왔는데, 우리 아이는 그 애들과 매일 열심히 놀았다. 저자는 우리 아이가 무슨 말을 사용하면서 놀고 있는지 무척 궁금했다. 외마디 영어로 의사소통을 할까 혹은 한국말을 할까? 그 아이는 방글라데쉬 아이들의 말을 따라했을 것으로 추측이 되었다. 우리 아이는 그들과 반 년을 지낸 후에 방글라데쉬어를 유창하게 말할 수 있었다. 그리고 저자의 아이가 5세 되던 해에 파라과이(Paraguay)에서 온 유학생부부가 있었는데 그들의 두 자녀는 스페인어(Spanish)를 사용하였고 우리 아이는 그 아이들과 놀이를 통하여 자연스럽게 스페인어를 터득하게 되었다. 집에서는 한국어, 놀이 친구들과는 방글라데시어와 스페인어, 그리고 유치원에서는 영어를 사용하여 다중언어자

(multilingual)가 되었다. 이런 다중언어 습득 결과 초등학교에 입학하자 6개월 쯤 학교에서 통보가 왔다. 영재(GTC: Gifted Talented Creative)교육 대상자가 되어 검사를 실시한다는 것이다. 심리학자의 지능지수(IQ)검사, 사회학자의 집안 내력검사, 의사의 건강검사, 담임의 소견, 학교장의 추천 등 위원회의 엄격한 심사를 거쳐 영재교육 대상에 선발되었다. 그 당시 IQ는 140 이상이 되어야 하는데, 그 아이가 보통 부모의 자질로부터 그런 높은 점수의 IQ가 형성되었다는 것은 무엇을 의미하는가? 다중언어의 환경적인 요인 때문이라고 추측할 수 있었다. 우리 아이에게 다중언어를 구사하는 환경을 제공한 것이 IQ 상승에 지대한 영향을 주었다고 저자는 생각한다. 따라서 조기 외국어교육은 어린아이의 언어능력을 향상시킬 뿐 만 아니라 인지상승을 극대화시키는 요인이 된다.

 **이옥로 교수의 조기영어학습 지도 성공담**

이옥로 교수는 미국에서 4년 7개월 된 딸 유하에게 4단계로 조기 영어 읽기를 통하여 조기 국어 읽기까지 성공적으로 완성시켰다. 그의 연구는 외국어교육은 듣기부터 시켜야 한다는 일반적인 학설을 뒤집는 결과였다.

 이옥로 교수의 조기 영어 읽기 4단계

- 첫째, 암기 단계에서 100개의 영어 단어와 구를 암기할 수 있었다.
- 둘째, 분석 단계를 통하여 글자와 소리의 관계를 터득하였다.
- 셋째, 독립 단계를 통하여 영어의 모든 규칙과 글자와 소리의 상관관계를 터득하였다.
- 넷째, 전이 단계를 통하여 영어를 익힌 후에 한글을 깨우칠 수 있었다.

이옥로 교수

이옥로 교수는 미국 조지타운대학교(Georgetown Univ.)에서 한국 어린이의 읽기 지도란 논문으로 영어교육의 대가인 Lado 박사의 지도 하에 1975년도에 박사학위를 취득하였고 1984년부터 1994년까지 중앙대에서 교수로 재직하였다.

유하는 극히 평범한 한국인 부모 가정에서 태어나 집에서 한국말을 하는 전형적인 한국 아이였다. 유하는 조기 영어 읽기 교육을 집중적으로 4년 7개월부터 받았는데, 그 영어 읽기 교육이 듣기, 말하기, 쓰기에까지 영향을 주는 긍정적인 결과를 가져오게 되었다. 4년 7개월부터 6년 5개월까지 학습한 결과 영어와 한글을 동시에 깨우치게 되었다. 보통 조기 외국어교육은 듣고 말하기부터 시작하는데 이런 통상적인 접근과 달리 읽기 교육을 집중적으로 시켜 영어를 듣고 말하고 쓰기까지 잘 할 수 있게 되었을 뿐만 아니라, 이것이 한국어에 전이되어 한국어도 잘 읽고 쓰는 긍정적인 연구 결과를 보인 것이다. 유하는 제 1기 암기 단계, 제 2기 분석 단계, 제 3기 독립 단계, 제 4기 전이 단계를 거쳐 영어를 터득하였다.

제 1시기 암기 단계

유하는 암기 단계에서 100개의 영어 구를 암기할 수 있었다. 유하는 big dog, little dog, big cat, little cat 같은 단어를 배울 때, 그 구에 해당하는 그림을 보면서 철자를 암기했다. 유하는 cow가 car와 혼동될 때 cow에는 w가 있고, car에는 r이 있다는 것을 구분하였다. 유하는 cold에서 c를 빼면 old가 된다고 분석하면서 배웠다. 유하는 네 가지 방법으로 암기를 하였는데, 첫째, 단어를 철자로 말하면서 암기하고, 둘째, 단어를 반복적으로 읽으면서 암기하고, 셋째, 단어를 종이에 쓰면서 암기하였고, 넷째, 단어를 눈으로 시각화하면서 암기를 하였다. 이 사례 연구를 보면, 어린아이에게 철자나 문자를 제시하면서 외국어 교육을 시켜도 긍정적인 결과를 얻을 수 있다는 것을 알 수 있다.

무엇보다 눈으로 보고 그것을 암기하여 언어를 활용하지만 필요하다면 종이에 한번 더 쓰는 연습을 통하여 자신의 것으로 만드는 과정을 겪은 후에는 외국어를 확실하게 터득하게 되었다. 즉 어린아이는 외국어를 습득할 때 이런 암기 단계를 처음으로 체험하게 된다.

🐸 제 2시기 | 분석 단계

유하는 분석 단계를 통하여 글자와 소리의 관계를 터득하였다. 아이들은 자신의 언어 규칙을 만들어 그것을 알맞게 따져 본 후에 자신의 것으로 터득한다는 것이다. 유하는 got은 go/gou/와 t/t/로 결합된 단어이기 때문에 /gout/라고 읽어야 하며 /gat/라고 읽어서는 안 된다고 주장했다고 한다. 암기 단계에서는 got/gat/로 읽었지만 분석 단계에서는 /gout/로 읽었다. 유하는 분석 단계에서 읽기를 직접 공부한 것이 아니고 그림이 있는 쉬운 동화책을 보면서 스스로 읽어 가는 과정을 거쳤다. 유하의 분석 단계는 읽기를 못하거나 잘못 이해하는 것을 옆에서 도와주는 과정이고 글자와 소리의 관계를 터득하도록 도와주는 단계이다. 어린이는 이런 분석 단계를 통하여 언어를 터득하고 있다. 그래서 어린아이는 과학자 중의 과학자요 언어학자 중의 언어학자인 셈이다.

제 3시기 독립 단계

유하는 **독립 단계**를 통하여 영어의 모든 규칙과 글자와 소리의 상관관계를 터득하였다. 독립 단계에서는 got을 /gat/처럼 읽어야 된다는 것을 터득하는 단계이다. 분석 단계에서 독립 단계로 전이될 때 유하는 sight, might, tight, fight 같은 단어들을 통하여 light, right, night 같은 단어를 읽을 수 있었다. 유하는 이 단계에서부터 독자적인 읽기 능력을 형성하고 있었다. 어린아이는 자신이 터득한 규칙도 중요하지만, 어른들이 사용하는 규칙이 더 일반적이고 보편적이라는 사실을 스스로 깨닫게 된다. 그래서 모든 언어 현상에는 그에 알맞은 규칙 현상이 존재한다는 것을 발견하게 된다.

제 4시기 전이 단계

유하는 이런 3단계를 완성하고 나니 **전이 단계**를 갖게 되었다. 즉 유하는 영어를 터득하여 읽을 수 있는 능력이 있었으므로, 이 능력으로 한글까지 쉽게 깨우쳐 읽을 수 있게 전이된 것이다. 얼마나 신기한 사실인가? 이런 현상은 어린아이가 가진 특성 때문일까? 모든 언어는 보편적이고 일반적인 특성을 가지고 있기 때문일까? 어쨌든 유하는 처음에 영어 글자가 한글과 다르다는 것을 식별하고, 한글 글자의 하나 하나를 식별하여 소리내 보고, 영어로 써 보는 과정을 스스로 해 보았다. 어린아이가 가진 발견자적인 자질을 최대한 활용한 결과였다. 유하는 미국 교포 자녀들을 위한 한국어 프로그램에 약 1개월 반 동안 다녔는데 그 결과는 놀라왔다. 유하는 국어 읽기 기간이 영어 읽기 기간보다 훨씬 짧았는데도 국어 읽기가 영어 읽기보다 훨씬 유창하였다. 유하가 국어 읽기에 뛰어난 것을 보면 영어 읽기를 조기에 배웠기 때문이라고 생각되었다. 따라서 일찍 조기영어교육을 시작하면 할수록 더 좋은 결과를 얻을 수 있다는 긍정적인 사례를 얻었다.

시기	단계	특징
1	암기	기초 어휘 암기
2	분석	기초 어휘 활용 분석하기
3	독립	독자적으로 어휘 생성하기
4	전이	언어를 숙달하여 활용하기

이옥로 교수 자녀 유하의 4단계 영어 읽기 과정

  이옥로 교수가 밝힌 사례 연구 결과는 조기영어교육에 대해 많은 새로운 시사점을 제시하고 있다. 전통적으로 외국어 교육은 듣기, 말하기, 읽기, 쓰기 순서로 해야 한다는 순차적 이론에 대하여 어린아이 외국어 교육에서는 그럴 필요가 없다는 가능성을 제시하고 있다. 읽기 교육도 듣기, 말하기, 쓰기에 좋은 긍정적인 영향을 준다는 결과를 얻었다. 또한 어린아이에게 미치는 문자 교육의 효용성도 알 수 있었다.

EPILOGUE 맺음말

  어느 아이든지 각기 다른 재능과 소질, 그리고 능력을 가지고 태어나지만, 언어 습득 장치를 통하여 모든 아이들은 말을 쉽게 습득할 수 있는 능력을 가지고 있다. 이미 밝힌 바 같이, 일반적으로 어린아이의 사춘기 전 신체 조건이 외국어를 습득하는데 유리하기 때문에 사춘기 이전에 목표 언어에 충분히 노출시켜주어야 한다. 아이는 두뇌의 언어 통제 기관이 유연(plasticity)하여 어른보다 언어 습득 능력이 더 크고 효율적이다. 뿐만 아니라 어린 시기에는 생리적 발음 기관도 유연하여 발음은 정확하고 쉽게 외국어를 숙달할 수 있다. 물론 아이의 언어 발달은 각 개인에 따라서 차이가 있다. 아이의 개인차로 인해 일부 어린아이에게는 외국어 교육을 너무 일찍 시키는 것이 탈이 될 수 있기 때문에 3세 이전에 외국어 교육을 시키는 것은 신중히 고려해야 한다.

  조기영어교육을 성공적으로 이루기 위해서 우리가 생각하고 실천해야 할 몇 가지 전제 조건들이 있다. 부모님들이 아이 개인의 능력과 개인차를 인정해야 한다는 것이다. 또한 취학 전 아이에게는 부모가 가장 훌륭한 선생님이라는 것이다. 자녀가 어릴 때는 부모가 자녀들과 함께 영어를 듣고, 영어 노래를 불러 보고 영어 놀이를 하는 것이 좋다. 엄마 아빠가 영어를 못한다고 자녀를 가르치지 못하는 것은 아니다. 요즘은 비디오, 오디오, 컴퓨터 등 다양한 학습 자료가 나와 있기 때문에 부모의 노력에 따라서 아이들이 영어를 잘 할 수 있다. 아이들은 이미 외국어 습득 능력을 타고 났다고 보기 때문이다.

　조기영어교육의 취지는 아이가 가지고 있는 언어 습득 특성을 최대한 살려서 영어교육에 활용하자는 것이다. 자라나는 우리 아이들이 세계화의 주역이 되기 위해서 영어교육에 대한 부모님의 관심과 배려가 제일 중요하다. 아이는 우리의 희망이요 꽃이요 기둥이기 때문이다. 이 책을 통하여 자녀들에게 어떻게 영어를 가르칠 것인가에 대한 충분한 답을 얻으셨기를 바란다.

APPENDIX

교육부 추천 영어 의사소통 기능 표현
(English Communicative Functions)

파란색 문장은 교육부에서 초등학교 어린이들이 숙달하여 사용하기를 권장하는 주요 표현입니다.

의사소통 기능 영역	소기능	기능 표현
친교 활동	인사	● 만나고 헤어질 때의 인사하기 Hello! Hi! 안녕. Good morning/afternoon/evening. 안녕. (아침/오후/저녁 인사) Good bye. Bye-bye. 잘 가. / 안녕. (헤어질 때 인사) So long / See you later / Take care / Have a nice day. 안녕. / 다음에 보자. / 잘 가. / 즐거운 하루 보내.(헤어질 때 인사) Long time, no see. / Take it easy. / I haven't seen you in ages. 오랜만이야. ● 안부 묻기 How are you? / How's it going? / How are things? 안녕하세요? How's your family? 가족들은 안녕하세요? How's everything? / How are you doing? / How have you been? / What's up? 안녕하십니까? ● 안부에 묻고 대답하기 Fine, thanks. / I'm okay, thanks. Not too/so bad, thanks. 좋아요, 감사해요. Not too/so good. 좋지 않아요.(별로예요.) ● 제 3자에게 안부 전하기 Say hello to your father (for me). 아버지께 제 안부 전해 주세요. Please give my regards to your parents. 부모님께 제 안부 전해 주세요.

의사소통 기능 영역	소기능	기능 표현
친교 활동	소개	● 자기소개 I'm Ji-young. / My name's Ji-young. 제가 지영입니다. Let me introduce myself (to you). 저를 소개하겠어요. ● 다른 사람 소개 This is my friend, Min-ho. 이 아이가 제 친구 민호에요. I'd like you to meet my father. 제 아버지를 만나보시면 좋겠어요. I'd like introduce my friend to you. 제 친구를 소개합니다. ● 소개에 답하기 Nice to meet you. 만나서 반가워요. I'm glad/pleased to meet you, Mr. Kim. 김 선생님, 만나서 반갑습니다.
	감사	● 감사표현하기 Thank you (very much). Thanks a lot. 감사해요. I am very grateful. 매우 감사합니다. I appreciate your help. 당신의 도움에 사의를 표합니다. It was very nice of you to help me. 도와주시니 매우 친절하시네요. ● 감사표현에 답하기 Sure. / You're welcome. / (It's) My pleasure. Don't mention it. 천만에요. I was delighted to be able to help. 도울수 있어서 기뻤습니다.
	주의 끌기	● 주의 끌기 Look. 자 보세요. / Listen. 자 들어보세요. Excuse me. 실례합니다. Pardon me. 뭐라고 하셨죠. Hello, can you help me? 여보세요, 좀 도와주시겠어요? You know what? 저 그게 말이예요.
	칭찬	● 칭찬하기 Good! / Well done! 좋아! Terrific! Excellent! 아주 좋아요! That's neat. (You did a) Good job. 좋아요.

의사소통 기능영역	소기능	기능 표현
친교 활동	축하 감탄 격려	● 축하하기 Happy birthday (to you)! 생일 축하해요! Congratulations! 축하해요! ● 칭찬(축하)에 답하기 How nice (of you)! 멋져요! / You're so kind. 참 친절하세요. (It's) Nice of you to say so. 그렇게 말씀하시니 참 친절하시네요. I'm glad you like it. 당신이 좋아하시니 기뻐요. ● 감탄하기 What a nice bag! 멋진 가방이야! How pretty she is! 그녀는 참 예쁘구나! ● 격려하기 Good luck! 행운을 빈다! / Don't worry! 걱정 마! Cheer up. 기운 내. I'm sure you will do better next time. 다음에 더 잘 할거야.
	약속	● 약속 제안하기 How about tomorrow? 내일은 어때? Shall we meet at the library at ten? 도서관에서 10시에 만날까? What time shall we make it? 언제 만날까요? Can you make it at ten? 10시에 만날 수 있나요? Where shall we meet tomorrow? 내일 어디서 만날까요? What place is convenient for you? 어느 곳이 (만나기에) 편한가요? ● 제안에 답하기 Sure. 물론이죠. No problem. 문제없어요. Sorry, I can't. 미안하지만, 안 돼요. Sorry, I have an appointment. 미안하지만, 약속이 있어요. I'm afraid not. 안 될 것 같아요. I'd love to, but I can't. 하고 싶지만 안 돼요.

의사소통 기능영역	소기능	기능 표현
친교 활동	기원	Good luck! 행운을 빈다! All the best. 잘 해라. I wish you well. 잘 하길 빈다. Keep your fingers crossed. (손가락을 꼬아 십자가를 만들어) 행운을 빌어라. I hope everything goes well. 모든 것이 잘 되기를 빈다.
	음식 권유 · 응답	● 음식 권하기 Go ahead. Help yourself. 어서 드세요. 마음껏 드세요. Do you want some more cake? 케이크 더 먹을래? What will you have? 무엇을 먹을래? Would you like some drink? 마실 것 필요하니? What would you like to drink? 무엇을 마시고 싶니? ● 승낙 · 거절하기 Yes, thank you. 예, 감사합니다. Yes, please. 예, 주세요. No, thanks. (I've had enough.) 아니오, 감사합니다. (충분히 먹었습니다.) No, thank you. (I'd rather have some apples.) 아니오, 고맙습니다. (차라리 사과를 더 주세요.)
	대화의 시작 · 끝맺음	Excuse me. Are you Mr. Kim? 실례합니다. 김 선생님이세요? Excuse me. Haven't we met before? 실례합니다. 전에 우리 만나지 않았나요? Sorry, but I have to go. 죄송합니다. 저는 이만 가 봐야 됩니다. Nice talking to you, but I'm afraid I must be going. 이야기 즐거웠습니다. 하지만 가 봐야 될 것 같습니다.
사실적 정보교환	사실적 정보	How many apples (are there)? 사과가 몇 개 있나요? Do you have a pen? 펜 있으세요? What time is it? 몇 시예요? Does he work in a store? 그는 가게에서 일하나요? Whose pencil is this? 이 연필은 누구 것이에요? What time do you usually get up in the morning? 아침에 보통 몇 시에 일어나요?

의사소통 기능영역	소기능	기능 표현
사실적 정보 교환	사실 확인	● 확인하기, 확인에 답하기 Is this your book? 이것은 당신의 책이에요? Aren't you Mr. Lee? 이 선생님 아니세요? Yeah, that's mine. 응, 내 것 맞아. No, it's on the third floor. 아니, 3층에 있어.
	사실 묘사	She has big brown eyes. 그녀는 큰 갈색의 눈동자를 가지고 있다. My mother is a teacher. 나의 어머니는 선생님이다. He is wearing a blue shirt. 그는 파란 셔츠를 입고 있다. There are many children in the park. 공원에 아이들이 많이 있다.
	습관	I get up at seven everyday. 나는 매일 아침 일곱 시에 일어난다. He takes a walk every morning. 그는 매일 아침 걷는다.
	경험	● 경험 묻기·말하기 What did you do yesterday? 어제 뭐했니? Have you ever seen a rainbow? 무지개를 본 적 있니? I met Su-mi yesterday. 나는 어제 수미를 만났다. I had a good time at the party. 나는 파티에서 좋은 시간을 보냈다. I have never seen such a beautiful film. 나는 그처럼 아름다운 영화를 본 적이 없다. My brother has told me about it. 내 남동생이 그것에 대해 이야기해 주었다.
	계획	I'll play baseball tomorrow. 나는 내일 야구를 할 것이다. I hope to visit Hawaii next summer. 나는 내년 여름에 하와이를 방문할 수 있기를 바란다.
	수정	That's not quite right. 그것은 옳지 않다. You've made a mistake. 당신은 실수했다. I'm afraid you are wrong. 당신이 틀린 것 같아요. Sorry, you're mistaken. 미안하지만 당신이 착각했어요. Let me put it this way. 이렇게 놓고 봅시다.
	비교	I'm taller than you. 내가 당신보다 커요. She is your age. 그녀는 당신과 나이가 같다(비슷하다). I hope everything goes well. 모든 것이 잘 되기를 빈다.

의사소통 기능영역	소기능	기능 표현
지적 태도 표현	동의 반대	● **동의를 묻거나 말하기** Do you think so, too? 당신도 그렇게 생각하세요? Do you agree? 당신도 동의해요? Me, too. / Same here. 나도 그래요. That's right. 맞아요. That's a good idea. 그것은 좋은 생각이다. That's a good point. 좋은 지적이다. I couldn't agree more. 완전 찬성이다. That's just what I was thinking. 그것이 바로 내가 생각하던 바다. ● **반대하기** I don't think so. 나는 그렇게 생각하지 않는다. I can't agree with you. 당신 생각에 동의하지 못하겠어요. I'm afraid I can't accept that. 그것을 받아들일 수 없을 것 같아요.
	제의 초대	● **제의 · 초대하기** Can you join us? 같이 할래요? Would you like to come? 오시겠어요? Will you help me with my homework? 제 숙제 좀 도와주시겠어요? ● **제의 · 초대 수락하기** OK. 그래. Yes, I can. 할 수 있지. Yes, I'd love to. 예, 하고 싶어요. (That) Sounds good. 듣기 좋은데요. (귀가 솔깃해지는군요.) That's very kind of you. 친절하시군요. ● **거절하기** (I'm) Sorry, I can't. 죄송하지만 안되겠는데요. Not this time, thanks. 감사하지만 이번에는 곤란해요. Maybe next time. 다음 기회에 하죠. I'd love to but I've got another plan. 하고 싶지만 다른 계획이 있어요.
	제안	● **제안하기** Let's go swimming. 수영하러 가자. Shall we spend the weekend in Seoul? 주말을 서울에서 보낼까요? How about going to the park? 공원에 가는 것은 어때요? Why don't you see a/the doctor? 의사한테 가보세요.

의사소통 기능영역	소기능	기능 표현
지적 태도 표현	승낙 거절	● 승낙하기 Great. 아주 좋아요. Sounds good. 좋은데요. Sure, you can. 물론 할 수 있지. Of course, (you may). 물론 할 수 있지. Why not? 왜 안되겠어? (물론 되지.) Yes, that's a good plan. 예, 그것은 좋은 계획이에요. That's fine with me. 나는 찬성이에요. ● 거절하기 Sorry, I can't. 미안하지만 나는 할 수 없어요. I'm sorry, but I have other plans. 미안하지만 저는 다른 계획이 있어요. No, I'm afraid you can't. 아니오, 당신은 할 수 없을 것 같아요.
	기억	● 기억 여부 묻고 답하기 Do you remember your first day at school? 학교 들어간 첫 날을 기억하니? Don't I know you? 내가 당신을 아나요? Did you forget that? 당신은 그것을 잊었나요? Yes, I remember it well. 나는 그것을 잘 기억한다. I forgot about that. 나는 그것을 잊었다.
	가능 · 불가능	● 가능성 묻고 표현하기 Can you swim? 수영할 수 있니? Will you be able to go to the concert next Sunday? 다음 일요일에 콘서트에 갈 수 있니? Sure, I can. 물론 할 수 있다. He can swim. 그는 수영할 수 있다. I might be able to go with you. 나는 당신과 갈 수 있을지도 몰라요.
	확신하기	● 확신 여부 묻기 Are you sure? 확실하니? Are you sure that you will pass the exam? 시험에 합격할 것을 확신하니? Do you think Korea will win the next World Cup? 한국이 다음 월드컵에서 승리할 것 같니?

의사소통 기능영역	소기능	기능 표현
지적 태도 표현	확신하기	● 확신·불확신 말하기 I'm sure/confident that we will win. 나는 우리가 이길 것을 확신한다. He will probably come. 그는 아마 올 것이다. Yes, it is likely. 네, 그럴 가능성이 있어요. I'm not sure about that. 나는 그것에 대해 확실하지 않아요. I doubt if he will. 나는 그가 그렇게 할 지 의심스럽다. Well, I don't think it's possible. 글쎄요, 나는 그것이 가능할 것 같지 않아요.
	의무	You must talk to your teacher right away. 선생님께 바로 말씀 드려야 한다. She has to study English now. 그녀는 지금 영어 공부를 해야 한다. You're supposed to do your homework. 너는 너의 숙제를 해야 한다.
	허락	● 허락 요청하기 May I go now? 지금 가도 되나요? Can I have some more? 더 가져도 되나요? May I see you next Monday? 다음 월요일에 볼 수 있을까요? Is it OK if I open the window? 창문을 열어도 괜찮아요? Would you mind if I sit here? 제가 여기 앉아도 괜찮겠어요?
	지시·금지	● 지시하기 Open your book. 책을 펴라. You should come home by six. 여섯 시까지 집에 돌아와야 한다. ● 금지하기 No, don't do that. 아니, 하지 말아라. You shouldn't go down there. 너는 그곳에 내려가면 안 된다.

의사소통 기능영역	소기능	기능 표현
감정 표현	의견 표현	● 의견 묻기 What do you want (to do)? 무엇을 하고 싶니? What do you think of this picture? 이 그림에 대해 어떻게 생각하니? Do you find the book interesting? 그 책 재미있니? ● 자신의 의견 말하기 I think it's a very nice bike. 내가 보기에 아주 좋은 자전거 같다. To me, it's the best in the world. 나한테는 그것이 이 세상 최고이다. I have no idea. 나는 잘 모르겠다. I really don't know what to say. 무슨 말을 해야할 지 모르겠다. I have nothing to say right now. 나는 지금 할 말이 없다.
	좋아함 싫어함	● 좋아하고 싫어하는 것에 대해서 묻기 Do (Don't) you like pears? 배를 좋아하니(좋아하지 않니)? You don't like bananas, do you? 너는 바나나를 안 좋아하지, 그렇지? What's your favorite song? 네가 가장 좋아하는 노래가 뭐니? What do you like doing on Sundays? 너는 일요일에 무엇을 하는 것을 좋아하니? ● 좋아하고 싫어하는 것 말하기 I don't like apples. 나는 사과를 좋아하지 않는다. I like to play baseball. 나는 야구하는 것을 좋아한다. I hate tomatoes. 나는 토마토를 싫어한다. I like kimchi most. 나는 김치를 제일 좋아한다. There's nothing I like more than soccer. 나는 축구 이상으로 좋아하는 것이 없다.
	희노애락	● 기쁨 슬픔 표현하기 I'm happy. 나는 기쁘다. I'm sad. 나는 슬프다. I'm glad to hear that. 나는 그것을 듣게 되어 반갑다. She is very pleased with the restaurant. 그녀는 그 식당을 매우 좋아한다.

의사소통 기능영역	소기능	기능 표현
감정 표현	희노애락	● **슬픔을 위안하기** Cheer up. 기운 내라. Don't take it so hard. 너무 심각하게 생각하지마. Look on the bright side. 밝게 (긍정적으로) 생각해. ● **화난 것 표현하기** He is angry. 그는 화났다. I'm very unhappy about this. 나는 이것에 대해 매우 기분 나쁘다. I'm very upset. 나는 매우 불쾌하다. It really makes me mad. 나를 정말 화나게 한다. ● **놀람 표현하기** What a surprise! 놀랍구나! It's surprising. 놀랍구나. I just can't believe this. 나는 정말 이것을 믿을 수 없다. That's incredible. 그것은 믿을 수 없다. I'm surprised you feel that way about it. 네가 그런 식으로 느끼다니 놀랍구나.
	원하는 것	● **원하는 것 묻기** What do you want? 무엇을 원하니? Do you want to eat out? 밖에 나가서 먹기를 원하니? Would you like to go home now? 지금 집에 가기를 원하니? ● **원하는 것 말하기** I want a new cap. 나는 새 모자를 원한다. I'd like to go to sleep. 나는 잠자기를 원한다. He wants to buy a computer. 그는 컴퓨터 사기를 원한다.
	동정	● **동정하기** That's too bad. 너무 안 됐다. It's a pity. 유감이다. We're sorry to hear the bad news. 나쁜 소식을 듣게 되어서 유감이다. Our thoughts are with you. 우리도 당신과 같이 생각한다. (유감이다) I know how it feels. 나도 어떤 느낌인지 안다. (얼마나 아픈지 안다)

의사소통 기능영역	소기능	기능 표현
감정 표현	소망·의지	● 소망·의지를 묻고 말하기 When are you going to get married? 언제 결혼할 거예요? Do you intend to go abroad? 해외에 나갈 생각이에요? I hope that she likes the present. 그녀가 선물을 좋아하기를 바란다. I'm dying to see that movie. 나는 그 영화를 보고 싶어 죽겠다. ● 기대 표현하기 It will be nice to swim in the river. 강에서 수영하면 좋을 것이다. I'm sure/certain that we'll have a good time. 우리가 좋은 시간을 보내리라는 것을 확신한다. ● 불평 That's not fair. 그것은 공평하지 않다. I want to complain about the dress. 나는 그 옷에 대해 불평을 털어놓아야겠다. This is most unsatisfactory. 이것은 가장 불만족스럽다.
도덕적인 태도 표현	사과 변명	● 사과하기 Sorry (about that). 미안해요. Excuse me. 죄송합니다. It's all my fault. 모두 내 잘못이다. I owe you an apology. 나는 너에게 사과해야 한다. I can't tell you how sorry I am. 나는 얼마나 미안한지 모르겠다. ● 변명하기 I'm (terribly/awfully) sorry, but it wasn't my fault. 나는 (심히/엄청나게) 미안하지만, 그러나 내 잘못은 아니었다. ● 사과 변명에 답하기 That's OK. 괜찮아. That's all right. 다 괜찮아. Don't worry about it. 걱정하지마. Never mind. 신경 쓰지마. No problem. 문제없어. Don't mention it. 얘기 안 해도 돼. It doesn't matter at all. 전혀 문제없어.

의사소통 기능영역	소기능	기능 표현
	후회	I wish I'd listened to my father. 아버지 말씀을 들을 걸. I wish I'd acted differently. 다르게 행동할 걸.
	관심	● 관심 묻기 Are you interested in Korean history? 한국역사에 관심 있니? What are you interested in? 무엇에 관심 있니? ● 관심·무관심 말하기 I enjoy swimming. 나는 수영을 즐긴다. My main interest is collecting stamps. 나의 주된 관심사는 우표 수집이다. I'm not interested in sports. 나는 스포츠에 관심 없다. I don't have much interest in pop music. 나는 팝 음악에 별로 관심이 없다.
설득과 권고	설득	Let's do it this way. 이렇게 해 봅시다. Let's not waste time. 시간을 낭비하지 맙시다. Please let me try. I think I know how it works. 제가 해 볼게요. 어떻게 하는 지(어떻게 돌아가는 지) 알 것 같아요.
	요청	● 요청하기 Help me, please. 제발 도와 주세요. Mail this letter for me, will you? 이 편지 좀 부쳐주세요, 예? Can you open the window, please? 창문 좀 열어 주실 수 있어요? Would you do me a favor? 제 부탁하나 들어 주시겠어요? Could you give me a hand? 도와주시겠어요? Would you please help me move the desk? 책상 옮기는 것 좀 도와주시겠어요? ● 요청에 답하기 Sure, I can. 물론 할 수 있죠. I'm sorry I can't. 미안하지만 할 수 없어요. I'm afraid I can't because I have to leave now. 유감스럽게도 지금 떠나야 하기 때문에 할 수 없을 것 같아요.
	충고	● 충고 요구하기 Do you think I should buy it? 내가 그것을 사야 할 것 같니? What would you advise me to do?

의사소통 기능영역	소기능	기능 표현
설득과 권고	충고	어떻게 하라고 나에게 충고하겠니? (어떻게 했으면 좋겠니?) What would you do if you were in my shoes? 네가 내 경우라면 어떻게 하겠니? ● 충고하기 I think you should see a/the dentist. 네가 치과 의사를 만나 봐야 할 것 같아. If I were you, I'd walk. 내가 만일 너라면, 걷겠다. You'd better not go there. 거기에 가지 않는 것이 좋다. I suggest you go and see a/the doctor. 의사를 만나 보는 것이 좋겠다.
	경고	Be careful! / Watch out! 조심해! Stay away from that. 저것으로부터 멀리 떨어져라. Never do that again. 다시는 그것을 하지 말아라.
문제 해결	원인 · 결과	Why do you think the book is interesting? 왜 그 책이 재미있는 것 같니? Can you tell me the reason why you said so? 왜 그렇게 말했는지 이유를 말해 줄 수 있겠니? (It's) Because I was sick. (그것은) 내가 아팠기 때문이었다. I got up late, so I missed the school bus. 나는 늦게 일어나서, 학교 버스를 놓쳤다.
	길 안내	Is this Main Street? 이것이 메인 도로야? Where's the bus stop? 버스 정류장이 어디니? Turn right. 오른쪽으로 꺾어라. It's over here. 여기 있다. Go straight. 직진해라. How do I get there from here? 여기서 거기를 어떻게 가니? Excuse me. Could you show me the way to Seoul Station? 실례합니다. 서울역까지 가는 길을 가르쳐 주시겠어요? It's five blocks from here. 여기서 다섯 블록이에요.
	물건 사기	How much is it? 이것은 얼마예요? May I help you? 도와드릴까요? I'll take it. 이것으로 주세요. I'm looking for a blouse. 블라우스를 찾고 있어요. Do you carry umbrellas? 우산을 파세요?

의사소통 기능영역	소기능	기능 표현
문제 해결		Do you have these in size ten? 10 사이즈로 가지고 계세요? Can I have it wrapped? 싸 주실 수 있어요?
	음식주문	May I take your order? 주문하시겠어요? Are you ready to order? 주문하실 준비 되었나요? Here or to go? 여기서 드실 거에요 아니면 가져가실 거에요? I'd like to have hamburger and milk. 햄버거와 우유를 주세요.
	되묻기	Excuse me? 잘못 들었습니다. What (did you say)? 뭐(라고 하셨죠)? Pardon (me)? 뭐라고요? I'm sorry? 뭐라고요? You did what? 무엇을 했다고요? You went where? 어디를 갔다고요? I don't understand. 잘 이해할 수가 없어요. I beg your pardon. 죄송하지만 잘 못 들었습니다. Would you mind repeating that? 다시 한 번만 말해 주시겠어요? Could you say that again, please? 다시 한 번만 말씀해 주시겠어요?
	이해 점검	Is that clear? (설명이) 충분하니? Are you with me? 나와 함께 있는 거니? (내 말을 알아듣겠니?) Are you following me? 내 말 따라오고 있니? Do you know what I mean? 내 말이 무슨 말인지 알겠니? Does that make sense? 말이 되지?
	전화하기 · 받기	Hello? 여보세요? Is Min-ho there? 민호 거기 있어요? This is Mi-na speaking. 저는 미나인데요. May I speak to Tom? Tom과 이야기 할 수 있어요? Can I leave/take a message? 메시지를 받아드릴까요/ 남겨도 될까요? Sorry, he is out. 미안하지만 그는 나갔어요. Who's calling, please? 실례지만, 누구신가요? May I ask who's calling? 실례지만 누구신지 여쭤봐도 되나요?

REFERENCE
참고문헌

Asher, J. 1992. Children's first language as a model for second language and learning. *Modern Language Journal* 56, 133-138.

Asher, J. 1997. *Learning Another Language Through Actions* N.Y.: Sky Oaks Productions.

Berko, J. 1958. The child's learning of English morphology. In Saporta S.(Ed.) *Psycholinguistics.* N.Y.: Holt Rinehart and Winston.

Bloom, L. 1964. *Language development.* M.A.: MIT.

Billows, F.L. 1991. *The techniques of language teaching.* London: Longman.

Bradi, S.M. 1999. *The acquisition of second language syntax.* N.Y.: Arnold

Brown, R. 1973. *A first language: the early stages.* M.A.: Harvard University Press.

Brumfit, C. et al 1991. *Teaching English to children.* London: Collins ELT.

Bruner, J. 1974. Form communication to language. *Cognition.* 3: 255~287.

Chomsky, N. 1968. *Language and mind.* N.Y.: Harcout Brace & World.

Chomsky, C. 1969. *The acquisition of syntax in children from 5 to 10.* M.A.: MIT Press.

Clark, E. 1993. *The lexicon in acquisition.* Cambridge: Univ. of Cambridge.

Carroll, J.B. 1981. Twenty-five years of research on foreign language aptitude. In K.Diller (ed.) *Individual diferences and unversals in language learning aptitude.* M.A.: Nerbury House.

Costello, E. 1979. Disatinctive feature theory. *J. of Speech and Hearing Disorders.* 5 : 91 : 165.

Dewey, J. 1934. *Arts as experience.* N.Y.: Academic Press.

Durkin, D. 1993. *Teaching them to read.* M.A.: Allyn & Bacon.

Ellis, R. 1998. *Second language acquisition.* N.Y.: Oxford Univ. Press.

Els, T., et al. 1984. *Applied linguistics and the learning foreign language.* Baltimore, M. C. : Edward Arnold.

Fletcher, P. & MacWhinney, B. (Ed.) 1995. *The handbook of child language.* M.A.: Blackwell.

F innocchiaro, M. and Brumfit, C. 1997. *The functional-notional approach.* Oxford: Oxford Univ. Press.

Fries, C. C. 1949. *Teaching English.* M.I.: Wahr Publishing.

Gardner, H. 1993. *Multiple Intelligences.* N.Y.: Basic Books.

Gardner, R.A. and Gardner, B.T. 1969. *Teaching to a chimpanzee Science.* 165 : 664 ~ 672.

Gattegno, C. 1963. *The Common Sense of Teaching Foreign Language.* N.Y.: Educational Solutions.

Goodman, K. S. 1986. *What's whole in whole language?* N.H.: Heinemann.

Hall, E.T. 1959. *The Silent Language.* N.Y.: Anchor Books.

Harmer, J. 2001. *The practice of English language teaching.* Essex: Longman.

Hakuta, K. 1974. A preliminary report of the development of grammatical morphemes in a Japanese girl learning English as a second 1anguage. *Working papers on bilingualism.* 3, 18~43.

Hatch, E.M. 1983. *Psycholinguistics: a second language perspective.* M.A.: Newbury House.

Hilgard, E.R. 1956. *Theories of learning.* N.Y.: Applenton Century Crofts, INC.

Ingram, D. 1989. *First language acquisition.* London: Cambridge Press.

Johnson, C.E. 1961. The effect of foreign language instruction on basic learning in elementary schools. *The Modern*

Krashen, S. 1978. *Individual variation in the use of the monitor.* In W. Ritche. (Ed.). Principles of second language Learning. N. Y. : Academic Press.

Lambert, W.E. 1963. Psychological approaches to the study of languages: on second language learning and bilingualism. *Modern Language Journal* 14.

Lambert, W.E. & Gardener, R.C. 1959. Motivational variables in second language learning. *Canadian Journal of Psychology.* 13.

Lee, Ok-Ro. 1975. *Teaching early English reading to a Korean-dominant child: A case study.* Georgetown Univ. Doctoral Dissertation.

Lenneberg, E. 1967. *Biological foundations of language.* N.Y.: John Wiley and Sons.

Lemire, R.J., Loeser, J., Leech, R.W., & Alvord, E.C. 1975. *Normal and abnormal development of the human nervous system.* N.Y.: Harper & Row.

Long, M. 1980. *Input interaction, and second language acquisition.* Doctoral Dissertation. UCLA.

Lozanov, G. 1978. *Suggestology and the Outlines of Suggestopody.* N.Y.: Gordon and Breach.

MacNamara, J. 1972. Cognitive basis of language learning in infants. *Psychological Reviw.* 79: 1~13.

McNeill, D. 1970. *The acquisition of language.* N.Y.: Harper & Row.

MacDaniel, D., Mckee, C. & Cairns, H.S. (Eds.). 1996. *Methods for assessing children's syntax.* M.A.: MIT Press.

Maher, J. and Groves, J. 1997. *Introducing Chomsky.* N.Y.: Totem Books.

Menyuk, P. 1969. *Sentences children use.* Cambridge, M.A.: MIT Press.

Montessori, M. 1976. *Education for human development.* London: Penguin.

Murphy, K. P. 1962. *Ascertainment of deafness in children.* Panorama. 3. 4.

Olivia, P.F. 1969. *The teaching of foreign language.* N.J.: Prentice Hall.

Owens, R.E 1984. *Language development.* N.Y.:Wiley.

Penfield, W. and Roberts, L. 1959. *Speech and the brain mechanism.* N. J.: Princeton University Press.

Peterson, P.L. 1979. Direct instruction reconsidered. In P.L. Peterson & H.J. Walberg. (Eds). *Research on teaching: concepts, findings, and implications.* CA.: MaCutchan.

Peterson, S.E., Fox, P.T., Posner, M.I., Minutun, M., & Raichle, M.E. 1988. Positron emission tomographic studies of the cortical anatomy of single word processing. *Nature,* 331, 585-589.

Piaget, J. 1926. *The language and thought of the child.* N.Y. : Harcourt Brace.

Piaget, J. 1970. *Science of education and the psychology of the child.* N.Y.: Orion Press.

Pinker, S. 1994. *The language instinct.* N.Y.: Harper Perennial.

Putnam, H. 1967. The innateness hypothesis and explanatory molels in linguistics. In Searle, J.R.(Ed.). *Synthese.* N.Y.: D. Reidel.

Rymer, R. 1994. Genie: *A scientific tragedy.* London: Penguin Books.

Schumann, J. 1975. The acculturation model for second-language acquisition In R. Gingras. (Ed.). *Second-language and foreign language teaching.* Arlington, Virginia: Center for applied linguistics.

Selinger, L. 1972. Interlanguage. *IRAL* 10. 209~231.

Skinner, B.F. 1957. *Verbal behavior.* N.Y.: Appleton-Century-Crofts.

Smally, W.A. 1963. Culture shock, language shock, and the shock of selfdiscovery. *Practical Anthropology.* 10

Solso, R.L. 1991. *Cognitive psychology.* London: Allyn and Bacon.

Springer, S.P. and Deutsch, G. 1981. *Left brain, right brain.* Sanfrancisco, CA.: W.H. Freemananand Co.

Steinberg, D.D. 1982. *Psycholinguistics.* N.Y.: Longman.

Stern, D.N. 1977. *The first relationship.* Cambridge: Harvard University Press.

Tanner, J.M. 1962. *Growth at adolescence.* Oxford: Blackwell.

Terrace, H.S. 1991. *Nim.* N.Y.: Knof.

Ulibarri, S.R. 1965. Children and a second language. In H.B. Allen (ed). *The teaching English as a second language.* N.Y.: Academic Press.

Van Riper, C. 1978. *Speech correction.* Englewood Cliffs, N. J. : Prentice Hall.

Vygotsky, L.S. 1962. *Thought and language.* M.A.: MIT Press.

금소영. 2005. ABC보다 먼저 배우는 영어 동요. 서울: 해피하우스.

김미영. 2001. 영어 잘하는 아이 이런 엄마 곁에서 자란다. 서울 넥서스.

김숙. (역) 2001. 유아영어, 가르치지 말고 함께 놀아라. 서울: 북뱅크.

김인경. 2001. 우리 아이가 영어 동화에 푹 빠졌어요. 서울: 풀빛.

곽유경 & 이윤민. 2001. 우리 아이 영어, 아홉 살에 끝냈어요. 서울: 사회평론.

교육부. 1996. 초등학교 교육과정 해설 (IV) -영어.

교육부. 1997. 외국어과 교육과정 (I): 제7차 교육과정 교육부 고시 제 1997-15호 [별책14].

박은정. 2000. 장우야, 영어가 쉽니? 우리말이 쉽니? 서울: 마더팅.

송순호. 2001. 조기유학, 절대 보내지 마라! 서울: 사회평론.

이남수. 2001. 엄마, 영어 방송이 들려요! 서울: 길벗.

이옥로. 1986. *The Lado Method: A Successful Early English Reading Method*. 영어교육. 31.

이은정. 2001. 영어를 영어로 배우는 영어학습. 서울: 이젤.

이창수 & 양은숙. 1997. 아이의 영어는 부모하기 나름이다. 서울: 한뜻.

유수경. 2001. Baby English가 평생간다. 서울: 영교.

정동빈. 1997. 언어습득론. 서울: 한신문화사.

정동빈. (공저) 1991. 영어교육론. 서울: 한신문화사.

정동빈. 1992. 언어습득. 서울: 한신문화사.

정동빈. 1993. 통사이론과 영어통사습득. 서울: 한신문화사.

정동빈. 1994. 언어이론. 서울: 한신문화사.

정동빈. 1995. 이중언어상용. 서울: 한국문화사.

정동빈. 1996. 언어발달지도. 서울: 한국문화사.

정동빈. 1997 - 2001. 웅진 초등영어 3-6학년 교과서, 지도서, 비디오, 오디오. 서울: 웅진닷컴.

정동빈. 1996 - 2006. 웅진 Think-Big/Kids' Story 영어. 서울: 웅진닷컴.

정동빈. (공저). 1997. 어린이 영어교육. 서울: 홍익미디어.

정동빈. (공저). 1999. 조기영어교육론. 서울: 한국문화사.

정동빈. (공저). 2000. 영어교육 어떻게 할 것인가. 서울: 학문사닷컴.

정동빈. (공저). 2000. 영어학습지도. 서울: 학문사닷컴.

정동빈. (공저). 2000. 영어교육의 새출발. 서울: 학문사닷컴.

정동빈. (공저). 2001. 교실영어. 서울: 학문사닷컴.

정동빈. 2002. 유아영어의사소통교육론. 서울: 한국문화사.

정동빈. 2003. *Communicative expression and practice*. 서울: 송학문화사.

정동빈. 2004. 놀이활용영어지도. 서울: 한국문화사.

정동빈. 2005. 동화활용영어지도. 서울: 드림랜드.

정동빈. 2006. 100가지 게임활용 초등영어지도. 서울: 드림랜드.

정동빈. 2006. 열려라 공부! 유아영어길라잡이 ①-㉚회 연재. 중앙일보 2006.11.8-2007.1.17.

정원식. 1977. 머리를 써서 살아라 - 유태인 가정교육의 비결. 서울: 샘터사.